Agustín Moreto y Cabaña

Santa Rosa del Perú

Barcelona **2024**
Linkgua-ediciones.com

Créditos

Título original: Santa rosa del Perú.

© 2024, Red ediciones S.L.

e-mail: info@linkgua.com

Diseño de cubierta: Michel Mallard.

ISBN tapa dura: 978-84-1126-261-3.
ISBN rústica: 978-84-9816-047-5.
ISBN ebook: 978-84-9897-823-0.

Sumario

Brevísima presentación

La vida

Agustín Moreto y Cabaña. (Madrid, 1618-Toledo, 1669). España.
Sus padres eran italianos. Fue capellán del arzobispo de Toledo y tuvo una vida tranquila. Alcanzó una notable popularidad en los siglos XVII y XVIII. Escribió comedias de carácter religioso, tradición histórica y costumbres. La edición completa de sus obras se publicó en tres partes en los años 1654, 1676 y 1681.

La trama

En 1606 santa Rosa del Perú vistió el hábito de Terciaria Dominíca y se recluyó en una cabaña. Llevaba sobre la cabeza una cinta de plata, cuyo interior era una corona de espinas. Su amor por Dios era tan ardiente que, cuando hablaba de Él, cambiaba el tono de su voz y su rostro se encendía. Durante quince años sufrió persecución, mientras su alma se sumía en la más profunda desolación espiritual. El demonio la molestaba con violentas tentaciones y el único consejo que supieron darle aquellos a quienes consultó fue que comiese y descansase. Más tarde, una comisión de sacerdotes y médicos la examinó y dictaminó que sus experiencias eran sobrenaturales. Rosa pasó los tres últimos años de su vida en la casa de don Gonzalo de Massa, cuya esposa le tenía particular cariño. Durante la enfermedad que precedió a su muerte, rezaba: «Señor, auméntame los sufrimientos, pero auméntame en la misma medida tu amor».
Murió el 24 de agosto de 1617, a los treinta y un años de edad.

Personajes

Don Juan de Toledo
Don Gonzalo
Gaspar de Flores, viejo
Bodigo, gracioso
El niño Jesús
La virgen del Rosario
Santa Rosa
El Ángel custodio
El demonio
Acompañamiento
Músicos
La Vanidad
La Presunción
Amor propio
La Lascivia
Un criado
Dos hombres
Dos ángeles
Santa Catalina

Jornada primera

(Salen cantando los músicos, detrás de ellos don Juan, y don Gonzalo, como de ronda.)

Músicos	«Ser Reina de las Flores,
	la Rosa es la común,
	y de las Reinas, Reina
	la Rosa del Perú.
	Teniendo a Lima el cielo
	envidia de su luz,
	trocaron sus Estrellas
	el nácar al azul.
	Engrandézcase el Perú,
	si la plata le enriquece,
	que la Rosa le ennoblece
	con belleza y con virtud.»
Juan	Celebrad su nombre, amigos,
	y de esta Rosa el aplauso
	nunca cese, pues por ella
	en Lima es perpetuo el Mayo.
	Celebrad a Rosa, que hace
	Cielos de Lima los Prados,
	pues su hermosura empobrece
	toda la luz de los Astros.
Gonzalo	Otra vez, don Juan, os doy
	la enhorabuena, y los brazos,
	pues soy quien en esta dicha
	por vuestro amigo más gano.
Juan	Siempre de nuestra amistad,
	soy yo el deudor, Don Gonzalo,

pero hoy os debe mi amor
todo el fin de mis cuidados:
por vos de la bella Rosa
espero lograr la mano,
y por vos he merecido
ser yo escogido entre tantos.

Gonzalo   No me recibáis, don Juan,
la deuda por agasajo,
que a mayor empeño estrecha
de nuestra amistad el lazo.
Y el agradecido, yo
debo ser en este caso,
que aunque vuestro amor ha hecho
esta elección, que os alabo,
y es vuestro el logro y la dicha,
os debo el haber tomado
con tanta fe los consejos
que os dieron mis desengaños.
Siempre yo, Don Juan, os di
por consejo que al casaros
escogieseis la mujer
que tuviese estos tres grados,
pobre, honesta, y bien nacida,
y en la Rosa son tan altos,
que dudo que haya en las Indias
otra que pueda igualarlos.
De su honestidad testigo,
es la queja de lo avaro
de luz, en que siempre os tiene
de sus ojos el recato.
Su pobreza tan piadosa,
que de sus padres ancianos,
la honrada vejez sustenta

con la labor de sus manos.
Lo bien nacido, no pasa
de unos humildes hidalgos,
que son su padre y su madre,
pero tan limpios, y honrados,
que en su pobreza mantienen
tanto punto, y honor tanto,
que no viven con más fueros
los caballeros más claros.
Pero siendo vos tan rico
y noble, que habéis juntado
los blasones de Toledo
con las riquezas de Indiano,
pudiera el uso del mundo,
con vanidad inclinaros
a una mujer rica, y noble,
pues de esto hay en Lima tanto.
Pero creedme, Don Juan,
que se piensa con engaño
que quien casa con riqueza
va a vivir con más descanso.
Quien casa con mujer rica,
piensa que va acomodado,
y piensa mal, porque muchos
buscan mujer, y hallan amo.
El gran dote en la mujer,
quiere igualdad en el gasto,
y al peso de lo que trujo,
pide la pompa en el fausto.
Por fuerza han de ser iguales
porte, galas, y regalos,
que el dote hace ejecutivo
aqueste pleito ordinario.
Buscar gran dote, es lo mismo

que tomar dinero a daño,
que cuanto más se recibe,
son los réditos más largos.
El que busca mujer rica,
sin cuidar de otros ornatos
que ha de tener, suele dar
en vacío el primer paso.
Y cuando lo reconoce,
no es posible remediarlo,
pues ve después de caído,
que puso los pies en falso.
Vos halláis una mujer,
que es de la modestia aplauso,
de toda virtud ejemplo,
y de hermosura un milagro.
Aunque era Isabel su nombre,
por algún feliz presagio,
su madre la vio en la cuna
toda la cara hecha un Mayo.
Púsole el nombre de Rosa,
pero ella lo siente tanto,
que en llamarla por su nombre
cualquiera le hace un agravio.
No sufre el llamarse Rosa,
que ya le cuesta muy caro,
porque le sale a la cara
el nombre que oye a los labios.
Su padre, Gaspar de Flores,
os dio el sí, pero ha ocultado
esta noticia a su hija,
queriendo que vos bizarro
y galán, se lo digáis
con estilo cortesano,
y de vuestro galanteo

entienda vuestro cuidado.
Y pues ya tener no puede
indecencia el publicarlo,
festejadla, y repetid
gozos, músicas, y aplausos,
que de mayores empeños
es digno logro tan alto.

Juan   Don Gonzalo, en todo os debo
dicha, consejo, y amparo,
y en todo he de obedeceros,
repita su nombre el canto.

(Sale Bodigo.)

Bodigo   Ah, caballeros.

Juan   ¿Quién va?

Bodigo   ¿Han visto ustedes acaso
un novio recién nacido,
que salió de aquí acabado
de sacar del horno ahora?

Juan   ¿Qué decís?

Bodigo   Voy avisando,
que como es novio, y resuelto,
el atarle es necesario.

Gonzalo   Éste es criado de Rosa,
y de humor extraordinario.

Juan   Bien se ve. Pues vos al novio,

¿qué queréis?

Bodigo   Algo, y muy algo,
que espero ser su enemigo.

Juan   ¿Su enemigo?

Bodigo   Y no escusado,
porque si yo sirvo a Rosa,
es fuerza ser su criado.

Juan   ¿Y cómo os llamáis?

Bodigo   Bodigo.

Juan   Cierto, que el nombre es extraño.

Bodigo   Soy descendiente de un cura,
y nací por Todos Santos.

Juan   Bien está, ¿y de qué servís
a Rosa?

Bodigo   De Boticario.

Juan   ¿Boticario? Raro oficio.

Bodigo   Por mi vale ella otro tanto:
yo soy quien la hago mujer.

Juan   ¿De qué modo?

Bodigo   ¿Pues no es claro,
que si no es por la Botica,

no vale la Rosa un cuarto?

Juan   ¿Pues qué hacéis vos?

Bodigo   Mil remedios,
agua, y vinagre rosado,
jarabe, aceite, conserva,
y lo mejor, un emplasto.

Juan   Vos tenéis muy buen humor.

Bodigo   Con la Rosa purgo el malo.

Juan   Mucho estimo el conoceros.

Bodigo   Y yo a vos para avisaros
de algunos puntos que importan,
porque seáis bien casados.

Juan   Eso estimaré yo mucho.

Bodigo   Pues señor, si enamorado
os queréis llevar de Rosa,
todo el amor y el aplauso,
lo primero habéis de ser,
en la esfera de cristiano,
muy camándulo fruncido,
cabiztuerto, y mojigato.
Gastar con medida el día,
y tener siempre rezando,
mucha atención con las Horas,
y cuenta con el Rosario.
El ayuno ha de ser mucho,
y a pan y agua, y cascaros

cien azotes cada día,
repartidos en dos plazos.
Con ella no hay que tratar
de galas, que como al diablo
con el traje la hace guerra,
todo su anhelo es un saco.
Su comida es toda yerbas,
con que sacándola al campo,
con dejarla ir a pacer
la sustentaréis a pasto.
Lo que bebe son historias
de las vidas de los Santos,
porque las tiene bebidas,
y pasa su muerte a tragos.
Y si vos con este aviso
sabéis andar su paso,
en quince días con Rosa
purgaréis vuestros pecados.

Juan   Mucho estimo la advertencia,
                pero agora es mi cuidado
                el celebrarla, y quisiera
                que esta música que traigo,
                cantase donde la oyese.

Bodigo   Pues eso, yo os daré paso:
                esa puerta es la del huerto,
                canten allí, que es su cuarto,
                y no se perderá gota,
                que ha que no se riega un año.

Gonzalo   Vamos, que yo haré la guía.

Juan   Cantad, pues.

Bodigo	¿Y en qué quedamos?
Juan	Muy amigos.
Bodigo	No lo creo.
Juan	¿Por qué?
Bodigo	Porque este agasajo estuviera mejor dicho.
Juan	¿Cómo?
Bodigo	Hablando por la mano.
Juan	Dices bien, en ese bolso van cien pesos.
Bodigo	¿Ensayados?
Juan	Dándotelos yo, ¿qué dudas?
Bodigo	No quisiera en este caso, como es usted Perulero, que me diera peso falso.
Juan	Cantad, y al nombre de Rosa tengan envidia los Astros.

(Vanse [don Juan y don Gonzalo,] cantando los músicos.)

Músicos	«Engrandézcase el Perú, si la plata le enriquece,

que la Rosa le ennoblece
con belleza y con virtud.»

Bodigo   ¿Cien pesos yo? ¡O bolso fiel,
o novio de mi consuelo!
Páguetelos en el cielo
el peso de San Miguel.
    Con cien pesos, por amigos,
hoy multiplico mi ser,
que con ellos puedo hacer
más de un millón de Bodigos.
    Cien pesos, o Rosa hermosa,
por tu cara me los dio,
ahora sé que diré yo,
que tienes cara de Rosa.
    Hoy su antigua posesión
pierde en mí el hambre fatal,
que era Bodigo mental,
puesto siempre en oración.
    Mas divertido me he entrado
en casa, y según advierto
(Suena música.)   ya están cantando en el huerto.
A lindo tiempo ha llegado,
    que a Rosa haciendo labor
la coge en su cuarto sola,
y da el tono golpe en bola:
no prevenirla es mejor.
    Y al viejo daré entre tanto
este alegrón, que el oír
cantar ella ha de sentir
como darla con un canto.

(Vase Bodigo. Descúbrese en medio del teatro la santa Rosa bordando en un
bastidor, y en un altar casero una imagen de nuestra Señora, y cantan dentro.)

Músicos	«De Rosa las Estrellas
	aprendan resplandor,
	que el Sol las escurece,
	y ella da luz al Sol.»
Rosa	¡Que no baste mi humildad,
	ni el estar siempre encerrada,
	para vivir olvidada
	de esta loca vanidad!
	¡Qué modo me librará
	de este aplauso que aborrezco?
	pero en fin se le agradezco,
	por la pena que me da.
Músicos	«Los ojos de la Rosa
	del Sol Oriente son,
	pues solo de ellos nace
	su luz, y su calor:
	a la Rosa, a la Rosa zagales,
	que es la Reina de toda la flor.»
Rosa	Ya pasa de vanidad,
	aplauso tan desatento,
	tanto Sol, y tanto viento
	va a parar en tempestad.
	¿Qué halla en mí la atención vana
	de la juventud ociosa?
	¿Qué tengo yo más de Rosa,
	que esta palabra liviana?
	¿Qué luces, ni rosicleres
	halla en mí? ¿Yo acaso estoy
	fuera de mí? ¿Yo no soy
	la más vil de las mujeres?

¿No lo dan bien a entender
mis maldades y defectos?
Ojalá fueran secretos,
y no los pudieran ver.
　　¿Pues en qué me halla el primor
llena de defectos tales?

Músicos　　　　　«A la Rosa, a la Rosa, zagales,
　　　　　　　　que es la Reina de toda la flor.»

Rosa　　　　　　No puedo oír tanta Rosa
　　　　　　　　sin que el aplauso me asombre,
　　　　　　　　la culpa tiene este nombre,
　　　　　　　　que me finge más hermosa.
　　　　　　　　　Yo no quiero aplausos vanos
　　　　　　　　de este siglo desigual,
　　　　　　　　ni hermosura corporal
　　　　　　　　para los ojos humanos.
　　　　　　　　　Mi deseo solo va
　　　　　　　　a aquella Rosa interior,
　　　　　　　　que despide más olor,
　　　　　　　　cuanto más oculta está.
　　　　　　　　　Solo quisiera beldad,
　　　　　　　　digna de aquel Dueño, a quien
　　　　　　　　de cinco años, por mi bien
　　　　　　　　votó mi virginidad.
　　　　　　　　　A éste quiero amante, y fiel,
　　　　　　　　de él he de ser solamente,
　　　　　　　　y no del mundo indecente,
　　　　　　　　que busca a quien huye de él.
　　　　　　　　　Señor, ¿cómo he de librarme
　　　　　　　　de aplauso tan peligroso?
　　　　　　　　Líbrame tú, dulce Esposo,
　　　　　　　　es es deuda el ampararme.

María, a cuyo favor
vinculó bien advertida
la dirección de mi vida,
y los logros de mi amor,
    si lágrimas en los ojos
son imán de tu piedad,
quítale tú a mi humildad
de este nombre los enojos.

(Cantan detrás de la Imagen.)

Músicos   «Rosa has de ser, Rosa mía,
                   que así a mi Hijo has de agradar,
                   y desde hoy te has de llamar
                   Rosa de Santa María.»

Rosa   Pues si de mi Esposo Eterno
                   es gusto, ya temo poco
                   aplausos del mundo loco.

(Sale el demonio por un escotillón.)

Demonio   Pues temerás al infierno,
                       que para hacerte guerra
                   todo se ha de juntar hoy en la tierra:
                   espíritus nocivos infernales,
                   que opuestos a las luces celestiales,
                   habitáis las tinieblas del profundo,
                   venid al Nuevo Mundo,
                   que a todos os convoco,
                   y aun todos al empeño somos poco,
                   pues esta tierra, que era siempre mía,
                   donde siempre reinó mi idolatría,
                   no solo se la quita a mi desvelo,

sino que quiere Dios hacerla Cielo.
Y es mi rencor, que cuando me destierra,
sea una vil mujer quien me hace guerra,
de Dios tan asistida,
que mi astucia no halló en toda su vida
un resquicio por donde hacer entrada,
para ver esta torre derribada.
Con ella quiere Dios en esta parte
fijar de la virtud el Estandarte,
porque ella es la primera
que enarbola la cándida Bandera,
y ha de ser aclamada
donde mi falsedad se vio adorada,
mas no le ha de salir de balde al cielo,
pues el infierno todo y mi desvelo
han de intentar batir esta muralla,
de poder a poder es la batalla.
Al arma, al arma, espíritus valientes,
combatidla con vicios diferentes;
ésta es de quien mi enojo se alimenta,
que es cuanto ella más vil, mayor mi afrenta.

Rosa   Yo no sé de qué orror tengo recelo,
porque toda me va cubriendo un hielo.
¿Qué pasmo es éste? ¡Ay Dios, que me desmaya!

Demonio   Pues no ha de hacer el cielo que me vaya
sin que vengue mi enojo de algún modo,
ya que no puedo en todo.
Mujercilla, ¿conmigo tan valiente?

(Dale el demonio un empellón a Rosa.)

Rosa   ¡Válgame Dios! ¿Qué es esto?

(Baja el ángel en aparición rápida a detener al demonio.)

Ángel   Monstruo, detente.

Demonio   ¡Ah, pesar de mi furia!
¿Qué mucho que padezca yo esta injuria,
si Dios me ata las manos?

Ángel   Aquí son todos tus intentos vanos.

Rosa   Válgame tu favor, Custodio mío.

Demonio   No podrá, que aceptado el desafío
de mi rabia cruel no ha de dar paso,
en que el ardor del fuego en que me abraso
no la ponga centellas de traiciones.
Yo he de vencer sus castas presunciones,
que ya para este fin tengo abrasado
el corazón de un hombre enamorado,
que ha de ser el que logre mi deseo.

Ángel   Con esto harás más alto su trofeo.

Demonio   Tú la verás rendida a mi malicia.

Ángel   No podrás, que la ampara la justicia.

Demonio   Eso dirá el suceso.

Ángel   Yo lo fío.

Demonio   Yo voy a hacer todo [este] Imperio mío.

Ángel	Tú verás cuán en vano es tu desvelo.
Demonio	¡Al arma, infierno, guerra contra el Cielo!

(Vase el demonio.)

Rosa	¡O Divino Señor! ¿Tanto cuidado tienes con una humilde criatura? ¿Por un gusano vil tan despreciado como yo, se desvela tu hermosura? ¿Cómo te ha de pagar quien solo tiene lo que a su mano de tu mano viene?

Ángel	¡O bella Rosa! Esa humildad profunda
	es la que tiene a Dios tan obligado,
	que cuando en ella tu virtud se funda,
	el edificio hará más sublimado,
	y porque te adelante mi asistencia,
	te concede visible mi presencia.
	   Confórtese tu pecho valeroso,
	y aliéntese tu amor a la pelea,
	que te previene este áspid ponzoñoso,
	que en aumentar tu ardor se lisonjea,
	que en un riesgo te ha puesto no pequeño,
	mas Dios ha de sacarte del empeño.
	   Sabe que Dios te quiere por Esposa,
	y solo has de ser suya eternamente,
	y María te da el nombre de Rosa,
	porque no le imagines indecente,
	y queda confiada en mi cuidado,
	que en todas partes estaré a tu lado.

(Vase el ángel en apariencia.)

Rosa   iO Soberano Señor,
                cúmplase tu voluntad,
                pues más en mi cortedad
                resplandece tu favor.
                    ¿Pero qué riesgo será
                el que avisa mis temores,
                que indigna de sus favores,
                cualquiera asombro me

(Cantan los músicos dentro.)

Músico   «Los rayos de la Rosa,
                amante un girasol
                siguiendo va, hasta verse
                bañado en su esplendor.»

Rosa   Éste es el riesgo violento
                que me arma aquel enemigo,
                porque el temor es testigo
                con que me aflige este acento.
                    ¿Mas qué riesgo puede haber
                en que el afecto amoroso
                de algún caballero ocioso
                este alarde quiera hacer?
                    ¿A quién puede dar temor
                empeño de afectos tales?

Músicos   «A la Rosa, a la Rosa, zagales,
                que es la Reina de toda la flor.»

Rosa   ¡Válgame el cielo! ¿Qué tiene
                este acento repetido
                que me perturba el sentido?
                Mas aquí mi padre viene.

(Salen Gaspar de Flores, viejo, y Bodigo.)

Bodigo   Señor, pues aquí le tienes,
quédese hoy en casa el yerno,
que según te esté, es conciencia
perder un día de suegro.

Gaspar   ¿Hija Rosa?

Rosa   ¿Padre mío?

Gaspar   Ya Dios ha oído tu ruego,
pues de aliviar mi pobreza
te ha logrado los deseos:
desde hoy por ti tendré alivio.

Rosa   ¿Pues cómo ha de ser?

Bodigo   Comiendo.

Gaspar   Pues hija, ¿no te lo ha dicho
el enamorado acento,
con que galán te festeja
el que espera ser tu dueño?

Rosa   ¡Válgame el cielo! ¿Qué escucho?
Toda me ha cubierto un hielo.

Gaspar   Dios para esposo te ha dado
el más galán caballero,
más noble y rico de Lima.

Bodigo   Y aquí hay cien testigos de ello.

Gaspar	¿Cómo con tanta tibieza oyes la dicha que el Cielo te previene, cuando yo vengo loco de contento?
Bodigo	¿No ves que quien calla otorga? Dice que sí: ya está hecho, entre el novio, y vamos de ésta.
Rosa	No digo tal.
Bodigo	Pues apelo.
Gaspar	¿Qué dices, Rosa?
Rosa	Señor, que echo en tu cordura menos el no haberme prevenido a cosa de tanto empeño. ¿Tan poca parte soy yo, señor, en mi casamiento, que tratándole sin mí, me das la noticia de ello, cuando ya hecho me publica por suya ese caballero? ¿No fuera mejor pensado haber cuidado primero de inquerir mi voluntad, o avisarla por lo menos?
Bodigo	En eso tiene razón.
Gaspar	¿Por qué, loco?

Bodigo	Porque es yerro
	el querer hacer de Rosa
	conserva de casamiento
	sin echarla en infusión.
Gaspar	Yo, Rosa, vivo tan cierto
	de tu obediencia a mi gusto,
	que ningún resquicio dejo
	a la duda, de que siempre
	obedezcas mis preceptos.
	Demás desto, sé que alcanzas,
	que el gusto mayor que tengo,
	es tu propia conveniencia,
	porque no tengo otro anhelo,
	sino verte bien lograda,
	que es el fin de mis deseos.
	La suerte nos trae a casa
	hoy a Don Juan de Toledo,
	que es de lo más noble de Lima,
	y más rico, con que a un tiempo
	mi pobreza y tu hermosura
	se ven con logro y remedio.
	Siendo tan grande esta dicha,
	no cupo en mi pensamiento
	duda de que tú al oírla,
	no le agradezcas al Cielo
	una fortuna, que iguala
	todos tus merecimientos.
Rosa	¿Pues qué fortuna, señor,
	es ésa de tanto precio?
Gaspar	Un caballero, el más rico

de Lima.

Rosa   ¿Y qué privilegio
nos adquiere su riqueza?

Gaspar   ¿Eso dudas? El consuelo
de tener con qué pasar
la vida, sin el desprecio
en que vive la pobreza.

Rosa   ¿Y esa vida cuánto tiempo
ha de durar?

Gaspar   Eso solo
Dios es quien puede saberlo.

Rosa   ¿Y quién puede asegurarla?

Gaspar   Dios solo, que de ella es dueño.

Rosa   ¿Luego tú de Dios confías
lo que has de vivir?

Gaspar   Es cierto.

Rosa   Pues si la vida es lo más,
y lo menos el sustento,
si fías de Dios la vida,
fía también el remedio.
Procuremos buscar, padre,
el Reino de Dios primero,
que estas cosas se vendrán
como añadidas al premio.
De Él esperemos socorro,

que es un pecado muy necio,
que quien fía de Él lo más,
no fíe de Dios lo menos.

Gaspar   Fiar de Dios, es forzoso,
mas Él nos ofrece medios
proporcionados a todos,
para que nos sustentemos.
Viendo estos medios, nos toca
confiar y obrar con ellos,
que dejarlos, y fiar
de su piedad el sustento
es tentar a Dios y dar
en más peligroso extremo.

Rosa   Quien todos los medios deja
confiado en Dios, es cierto,
mas aquél que por seguir
un estado más perfecto,
deja medios que le sacan
del camino en que se ha puesto,
éste bien fía de Dios,
y es justo y santo el desprecio
que hace del bien temporal
para buscar el eterno.
Yo en fin dedicar a Dios
mi castidad he resuelto,
y riquezas que me saquen
de este estado no las quiero.

Gaspar   ¿Pues no es el del matrimonio
digno estado?

Bodigo   Santo, y bueno.

Rosa	Pero éste es santo, y mejor.
Bodigo	Si los casados son buenos, más santos en este estado hay, que en esotro, y lo pruebo.
Rosa	¿De qué suerte?
Bodigo	De esta suerte: Nunca es más de uno el soltero, los casados son dos santos, y dos son más que uno: luego más santos en este estado viene a haber.
Rosa	Buen argumento. La castidad conjugal es virtud de menos precio que la virginal, que es siempre más consumada.
Bodigo	Eso niego, que siempre es más consumada virtud, la del casamiento.
Gaspar	En fin, Rosa, ¿no haces caso de la dicha que te ofrezco, ni de darme una vejez de tanto honor y provecho? ¿La incomodidad que paso no te duele, ni el anhelo con que tú pasas la vida de tu labor en el remo

día y noche, por ganar
lo que en la casa comemos?
¿Siempre habemos de vivir
con el afán de lo incierto,
que deja hoy para mañana
el limitado sustento?

Rosa   Si Dios con su providencia
de esa suerte lo ha dispuesto,
¿por qué no hemos de aceptar
un trabajo tan ligero?
¿Hay cosa como vivir
de su trabajo comiendo,
lo que porque cuesta más,
es el sabor de más precio?
Mejor trata Dios al pobre
que al rico, que el pobre a ruegos
siempre está llamando a Dios,
y Dios siempre a oírle atento.
Y el rico en sus abundancias
se olvida de Él, o a lo menos
no pone en Dios esperanza,
porque la tiene en los medios.
Teniendo por padre un Dios
tan benigno, y tan excelso,
que sobre justos, e injustos
nacer hace el Sol del Cielo.
¿Quién puede sentir con queja
ser pobre, sino el soberbio,
a quien Él tener tuviera
lo suficiente contento?
Mas quien con lo necesario
se ajusta, vive en sosiego,
porque eso ni aun al indigno

jamás se lo niega el Cielo.
¿Cómo puede faltar Dios
a lo necesario, siendo
tan piadoso?, que por ver
que a los pollos de los cuervos
al nacer blancos, los padres
desamparan como ajenos,
los cría, y da su clemencia
de su mano el alimento.
Mira las aves del aire,
que llevando el pico al viento,
ni aran, ni siembran, ni siegan,
ni encierran en sus graneros.
Y Dios las sustenta a todas
como providente Dueño,
que no hay grano que no tenga
libranza para su efecto.
Mira los hijos del campo
con la librea del cielo,
sin hilar, ni trabajar,
de olor y hermosura llenos.
Salomón en triunfos tantos
por la gloria de su Imperio,
con su riqueza no pudo
vestirse como uno de ellos.
¿Quién podrá de criaturas
contar el número inmenso?
¿Qué esperan en Dios, que a todas
da su comida su tiempo?
La magnífica despensa
tiene Dios del universo
siempre abierta, y todos hallan
en ella su despensero.
Si a tan pequeñas criaturas

no niega Dios el sustento,
¿cómo ha de faltar al hombre,
que a su semejanza es hecho?
Busquemos a Dios, señor,
y en la forma que podemos
lleguemos de nuestra parte
a lo que alcanza el esfuerzo.
Y no por vivir mejor
dejemos lo más perfecto,
que si Dios sustenta al malo,
¿cómo ha de faltar al bueno?
Yo me he dedicado a Dios,
en Él buen esposo tengo;
no quieras, señor, quitarme
de tan venturoso empleo.
Que no es igual el partido
que se aventura en el trueco,
por pasar bien cuatro días,
pasar mal siglos eternos.

Bodigo (Aparte.)   (Aquí paz, y después gloria:
¡gran sermón! Mas dirá el viejo,
aquí guerra, y después boda.)

Gaspar   Rosa, yo he estado atendiendo
para poder escucharte.
Aquel amor que te tengo,
¿te habrá dado confianza
de pensar que mis preceptos
son fáciles de volver
conformes a tus deseos?
Y pensarás bien sin duda,
por lo mucho que te quiero,
si a poder mudar dictamen,

diera lugar el empeño.
Pero ya no puede ser,
porque yo a tu bien atento,
y fundado en tu obediencia,
dirigida a mi consuelo,
te he ofrecido por esposa
a Don Juan, y él a sus deudos
y amigos lo ha publicado.
Yo esta noche los espero,
a la primera visita,
ya sabes el cumplimiento
que requiere esta función.
Mi honor está de por medio,
no tengo más que decirte,
que bien sabes que primero
que cualquiera atención, es
tu obediencia y mi respeto.
Yo voy luego a recibirlos;
no pueda, ni el pensamiento,
presumir tu repugnancia,
que esto no tiene remedio.

(Vase don Gaspar.)

Bodigo   Señora, ¿aquí hay que dudar?

Rosa   Mucho, y mucho que temer,
                mas Dios me ha de defender.

Bodigo   Pues Don Juan se ha de casar,
                  que ya ha elegido compadre,
                y yo de ello soy testigo.

Rosa   No se casará conmigo.

Bodigo	Pues casará con tu padre.
Rosa	Dios mío, de tu favor espero el remedio ahora.
Bodigo	¿Qué es lo que dices, señora, que en esto dude tu amor? ¿Y que un novio no te encante, galán, rico, y caballero, liberal, y perulero, que es circunstancia agravante?

Rosa	Yo tengo Esposo mejor,
	a quien el alma entregué,
	y le he de guardar la fe
	que le ha jurado mi amor.
	  Ya es en vano la porfía,
	porque esa acción no está en mí,
	pues cuando a Dios me ofrecí,
	dejé luego de ser mía.
	  Ya no hay para mí otro amor,
	que de Dios he de ser toda.

Bodigo	¿Pues qué haremos de esta boda,
	que está ya en el asador?
	  Ver tanta gala sacada
	en vano, ¿no te da pena?
	¿Y la comida y la cena,
	que la tengo ya tragada?
	  ¿Y el novio ha de irse a la calle,
	que según tu amor le trata,
	si la boda se dilata,
	es menester encerralle?

Rosa	Todo su afecto es en vano.
Bodigo	¿Pues qué habéis de hacer los dos?
Rosa	Yo solo estarme con Dios.
Bodigo	¿Y él con su boda en la mano, y yo qué le he de decir con cien pesos recibidos a cuenta de los corridos?
Rosa	Volvérselos.
Bodigo	¿A pedir? Volver fuera infame nota: no haré tal.
Rosa	¿Pues qué has de hacer?
Bodigo	Por no saber yo volver, nunca juego a la pelota.
Rosa	¿Pues también tú quieres ser causa de mis desconsuelos?
Bodigo	Eso no, viven los cielos, contigo he de perecer. Yo de la boda verdugo he de ser siempre contigo, y ha de ser tuyo Bodigo, aunque me vuelva mendrugo.
Rosa	Pues Dios me ha de defender,

que de Él espero favor,
que no es el riesgo mayor
éste en que me ha de valer.

(Suenan instrumentos dentro.)

Bodigo   Mas, señora, el enemigo.

Rosa   El cielo me dé osadía.

Bodigo   Válgate el Ave María,
que ya la boda es contigo.
      Jesús, y qué bravos flascos
vienen a ver lo que pasa.

Rosa   ¿Qué dices?

Bodigo   Que ya en tu casa
toda Lima está hecha cascos,
      y música.

Rosa   Mi cuidado
se ha de lograr como espero.

Bodigo   Como el novio es caballero,
quiere venir entonado.

(Sale Gaspar de Flores.)

Gaspar   Rosa, la hora ha llegado.
Ya ves, hija, lo que pasa,
todo el Perú está en tu casa,
y yo de ti confiado,
      que has de [mirar] por mi honor,

y la palabra que di,
pues para mirar por ti,
se ha adelantado mi amor:
    ya ves lo mucho que gana
mi honor, y de aplausos tú.

Bodigo   La boda es en el Perú,
                  pero parará en La Habana.

Rosa (Aparte.)   (Hasta tener ocasión
                  me importa disimular.)
                  Yo señor siempre he de estar
                  a lo que fuere razón.

Gaspar   Siempre estaba yo esperando
                  de tu juicio ese primor.

Bodigo   Señor, manos a la labor,
                  que ya va la boda entrando.

(Salen todos los que pudieren de acompañamiento, y detrás don Gonzalo y
don Juan, y cantan los músicos.)

Músicos   «Al arma, al arma, Cupido,
                  que del tiempo vencedora,
                  de rayos de nieve armada
                  corre la campaña Rosa.»

Gaspar   Llegad ya, señor don Juan,
                  que os espera vuestra esposa.

Juan   Con el riesgo del que al Sol
                  se acerca, llego, señora,
                  a vuestras divinas luces,

	pero valdráme la sombra
	que les hace vuestro nombre,
	pues vuestras luces piadosas
	tienen esplendor de Sol
	con suavidades de Rosa.
Bodigo	No la olerá él, si ella puede.
Gaspar	¿No respondes?
Rosa	Dudo ahora
	lo que pueda responder,
	pues ni tengo acciones propias,
	ni palabras, porque soy
	de quien es mi Dueño, toda.
Juan	Al colmo llegó mi dicha.
Gaspar	Es muy discreta mi Rosa.
Bodigo (Aparte.)	(Tan discreta, que da espinas,
	y parece que son hojas.)
Gonzalo	Yo, Rosa, en esta aventura
	soy el que más parte logra,
	por lo mucho que el aumento
	de vuestra casa me toca,
	y de Don Juan, por amigo,
	con que por una y por otra
	deuda, dos veces os doy
	la enhorabuena dichosa.
Gaspar	Siempre, señor don Gonzalo,
	mi casa os debió estas honras.

Gonzalo	Nunca podrán igualar las virtudes de Rosa.
Bodigo (Aparte.)	(Luego lo verá en la purga.)
Gaspar	Don Juan, porque a las señoras demos lugar, a esta sala nos retiremos ahora, mientras Rosa las recibe, para que en orden se ponga la escritura, porque hoy quede otorgada en toda forma.
Juan	Ya como hijo, solamente obedeceros me toca.
Gonzalo	Vamos pues, guiadnos vos.
Bodigo (Aparte.)	(¿En qué parará esta boda?)

(Vanse todos menos la santa Rosa, don Juan, y Bodigo.)

Rosa	Señor don Juan, dos palabras os he menester a solas.
Juan	A obedecer vuestra voz os espera el alma prompta.
Bodigo (Aparte.)	(Rosa, aquí saca su flor. ¿Qué hará este novio, si ahora, como el que halla pollo en huevo, le sale huera la novia?)

Rosa	Bodigo, atiende a mi padre.
Bodigo	A nadie temas, señora, que a tu lado está un Bodigo más valiente que una torta.

(Vase Bodigo.)

Rosa	Señor don Juan, la fineza con que por gusto o lisonja, o aprehensión me habéis querido, os quiero pagar con otra. La mayor, que una mujer hace por quien la enamora, es ahorrar al desengaño la dilación y la costa. Vos lleno de los blasones, que vuestra sangre coronan, tenéis igual la riqueza al crédito que os adorna. Y con toda la opulencia, abatís vuestra persona, siendo yo tan desigual, a escogerme por esposa. Yo soy una mujer pobre, y humilde, y aunque notoria mi hidalga limpieza, oscura por ser mi fortuna corta. Con que no queda motivo para elección tan impropia, sino la vana opinión, que me da el vulgo de hermosa. No disputo si lo soy, que el serlo, o no, poco importa,

pues la ley de la hermosura
hay gustos que la derogan.
Y aunque la hermosura es prenda
con que los hierros se doran,
que han hecho en el mundo muchos,
es menester cuando es sola,
que haya amor en la hermosura,
que ella amante corresponda,
porque si no es mucho el precio,
y nada lo que se compra.
Esto supuesto, Don Juan,
siendo mi suerte tan corta,
era menester suplirla
con amor, y que mis joyas
fuesen cariños y halagos.
Yo me hallo en este estado ahora
de no poderos querer,
ni esperarlo, ni hallo forma
de imaginarlo, ¿mirad
si me queréis por esposa?

Juan   Para poder responderos,
me dais licencia, señora,
de preguntaros la causa
de aversión tan rigurosa.

Rosa   Como vos me deis palabra,
con vuestra fe generosa
de desistir del empeño,
y hacer vuestra la victoria,
sin que en ello de mi padre
la noticia se interponga,
yo os la diré llanamente.

Juan	Si es causa justa, es forzosa la aceptación de tu padre.
Rosa	¿Me la dais en esa forma?
Juan	No la puedo yo negar.
Rosa	Pues mirad si causa sobra a un corazón, que amante tiene dueño a quien adora, y a quien ha dado palabra y mano de ser su esposa. Yo soy de este amor esclava, considerad vos agora, si os estará bien casaros con quien por su misma boca confiesa en vuestra presencia el amor de otra persona.

(Sale el demonio embozado.)

Demonio (Aparte.)	(Logre la ocasión mi rabia: con el amor que blasona, la he de armar una traición, sin que ella aquí lo conozca, fingiéndome yo el galán, que está diciendo que adora.)
Juan (Aparte.)	(¿Qué es lo que miro? Este empeño, ya es fuerza ser de más costa pues al decir Rosa que ama otro dueño, un hombre emboza la cara y sale a afirmarlo.)

Demonio	Ya me ha visto: ahora importa irme y dejarle en la duda.

(Vase el demonio.)

Juan	Esto ya otro color toma, pues salir a confirmar lo que está diciendo Rosa e irse, ya es desafiarme.
Rosa	Don Juan, no se descomponga tanto vuestro sentimiento, que yo os he dicho.
Juan	Señora, no prosigáis.
Rosa	¿Pues por qué?
Juan	Porque no sois la persona a quien yo he de responder.
Rosa	¿Pues quién?
Juan	Quien vuestro amor logra, pero yo haré que le olvide.
Rosa	¿Cómo?
Juan	Con matarle agora.
Rosa	¿Dónde vais?
Juan	A darle muerte.

Rosa	Mirad, que es empresa loca.
Juan	¿Por qué?
Rosa	Porque es muy valiente.
Juan	Eso lo verán las obras.
Rosa	Mirad que no le hallaréis.
Juan	Aunque en el Cielo se esconda.
Rosa	Mirad, que es.
Juan	Yo lo sabré cuando a mis plantas le ponga.

(Vase don Juan.)

Rosa   Pues yo lo dejo por Dios,
                              Dios mirará por su esposa.

                              Fin de la pirmera jornada

Jornada segunda

(Sale don Juan.)

Juan   Ya el fuego que me abrasa,
                              ladrán cruel de mi feliz sosiego,
                              a desesperación violenta pasa,
                              dejándome más ciego,
                              con lo imposible de enmendar mi daño,
                              no pudiendo encontrar el desengaño.
                              Los pasos de aquel hombre cauteloso,
                              que de Rosa galán, tuvo osadía
                              para salir a defender brioso,
                              a sus umbrales sigo noche, y día,
                              sin poder el valor, ni el artificio,
                              de este galán fantasma darme indicio.
                              El tiempo, y la paciencia
                              pierde mi amor, que crece con los celos,
                              y ellos con no llegar a su presencia.
                              ¿Quién será este hombre, cielos,
                              tan osado, y cobarde?

(Sale el demonio.)

Demonio   Todo cabe
                              en mi malicia, que juntarlos sabe,
                              mas en vano lo intenta mi desvelo,
                              pues tengo contra mí el favor del cielo.
                              Ya Rosa ha conseguido.
                              que hayan del casamiento desistido,
                              y que de Dios la dejen ser esposa,
                              y lo que más enciende mi cuidado,
                              y con furia rabiosa
                              estorbar he intentado,

es que de Siena el cielo la destina
a ser imitación de Catalina.
Pues como ella a sus padres ha sufrido,
por no querer hacer el casamiento,
tantos castigos, que los ha rendido
a su dictamen, con el sufrimiento,
pues ya de castigarla se han cansado,
y a Don Juan con su queja le han dejado.
Y aunque por mil caminos lo he emprendido,
estorbar no he podido
que el hábito tomase de Tercera
de Domingo, porque esta es la carrera
a que la tiene el cielo destinada,
y es mi pena doblada,
porque esta religián me hace más guerra,
que todo lo excelente de la tierra.
A tanto extremo pasa
de esta flaca mujer la fe valiente,
que en su huerto labró una celda escasa,
donde está penitente,
a todo humano trato tan negada,
que aun de sí misma vive retirada.
Allá de Dios está tan asistida,
que a las plantas, las aves, y las flores,
cada día a alabar a Dios convida,
y todas dicen rústicos amores,
y aun hasta los mosquitos con el ruido
hacen su consonancia de zumbido.
Mas su mismo retiro
ha de valerme para su caída,
pues con los celos de su amante aspiro
a verla tan perdida,
que escándalo ha de ser aun del profundo,
la que hoy admiración del Nuevo Mundo.

	Éste es su amante, introducirme quiero con él, porque se logre de mi cuidado.
Juan	Esto es de desesperar.
Demonio	Ah, caballero.
Juan	¿Quién llama? Extraño asombro me ha causado la voz de este hombre. ¿Si será este acaso el que causa el incendio en que me abraso?
Demonio	De haberos visto aquí tan asistente, inquieto, descompuesto, y receloso, me he atrevido a pensar, que vos valiente buscáis un enemigo cauteloso, que se os esconde, y le buscáis en vano, porque no le ha de ver desvelo humano.
Juan	¿Pues quién es, que es de hallar tan imposible?
Demonio	Es el mismo inventor de la cautela.
Juan	Sea quien fuere, ¿acaso es invisible?
Demonio	Haced cuenta que sí, pues os desvela también que en esta casa su osadía, entra, y sale, sin verle cada día.
Juan	¿Cómo es posible, cuando yo velando noches, y días, a buscarle asisto, y cuanto sale, y entra, registrando, de hallarle señas, ni esperanza he visto?
Demonio	Ésa es la maña, porque sale, y entra

	por delante de vos, y no os encuentra.
Juan	¡Viven los Cielos, que eso es increíble!
Demonio	Pues por eso el hallarle es imposible.
Juan	¿Quién sois vos, que tenéis tanta noticia de sus cautelas, y de mi cuidado?
Demonio	Yo no quiero encubriros mi malicia, porque de él más que vos soy agraviado, y en materia más alta, que en amores, pues sin honra me tienen sus rigores. Mas si queréis que os logre la venganza, de poneros con él, y ver logrado vuestro amor, y de Rosa la mudanza, os habéis de fiar de mi cuidado, sin saber queréis de mis secretos, que lo que os descubrieren los efectos.
Juan	Solo os he de pedir una licencia de preguntaros, pues habláis de Rosa, ¿qué estado tiene la correspondencia de ese que tuvo suerte tan dichosa? Porque a la Rosa todo el mundo estima, y su virtud venera toda Lima.
Demonio	Esa virtud es toda hipocresía, y con ella disfraza el fuego ardiente del amor que a su amante solo fía, por él se ha puesto en traje penitente, y tanto de su amor es el delirio, que su vida por él es un martirio. Es tan cruel su amante, y tan tirano,

50

que no quiere que a nadie bien parezca,
y la obliga a un amor tan inhumano,
que hace que aun a sí misma se aborrezca,
y el día que su amor la comunica,
ningún alivio a su sustento aplica.
En contemplar en su tirano dueño
pasa días, y noches, solamente
le hurta dos horas, que le paga al sueño,
y aun soñando también está presente,
y es su amor a su amante tan atento,
que no respira, sino con su aliento.
Cuando le espera, y se halla desvelada,
de su dolor haciendo la defensa,
la madeja del pelo a un clavo atada
en el aire se deja estar suspensa,
con las puntas del pie tocando el suelo,
que tan costoso es de su amor el vuelo.
La cama en que descansa las dos horas
es de unos leños desiguales secos,
que de cascos, y puntas cortadoras,
en vez de lana están llenos los huecos,
adonde para no hacer pesado el sueño,
su mismo cuerpo trata como al leño.
De amargas hieles hace la bebida,
y de yerbas silvestres el sustento.
Cuando es muy regalada su comida,
es pan hervido en agua solamente,
y a veces solo come su osadía,
cinco pepitas de naranja al día.
No habrá lengua que explique los rigores
con que se aflige, y a su amante agrada,
dando a entender, que en solo sus amores
con tantas penas vive consolada,
que su amante crúel en tantos duelos,

	de qualquier gusto suyo tiene celos.
	En este estado está el amor de Rosa,
	pasando con rigor tan increíble,
	una vida que es muerte dolorosa.
(Aparte.)	(¡Ah, pesar de mi rabia! ¿Que es posible,
	que cuando es deshonrarla mi desvelo,
	a contar su virtud me obliga el Cielo?)

Juan	Absorto estoy de oír amor tan raro,
	y resistir la pena no pudiera,
	a no tener la duda por reparo;
	¿Ese amante cruel es hombre, o fiera?

| Demonio | Hombre es, tan hombre, para que os asombre, |
| | que todo mi rencor es, porque es hombre. |

| Juan | ¿Pues cómo cabe en corazón humano |
| | tan bárbaro, y sangriento desatino? |

Demonio	Como tiene un amor tan soberano,
	que se trata con fueros de divino,
	mas vos lo habéis de ver.

| Juan | Tened, que viene |
| | un hombre que ocultárselo conviene. |

(Sale don Gonzalo.)

Gonzalo	Mucho me alegro, don Juan,
	de veros en esta casa,
	si ya obedeciendo al cielo,
	de vuestro enojo es templanza.

| Juan (Aparte.) | (Disimular me conviene |

hasta lograr mi venganza.)
Don Gonzalo, las pasiones
dándoles tiempo se acaban.
Yo estoy ya desengañado
de que era de Rosa, el nácar,
digno de logro más alto,
y que mi fortuna escasa
no mereció su hermosura.

Gonzalo   Don Juan, ella es una santa,
y cuando por Dios os deja,
os venera, y no os agravia.

Demonio   Mira la opinión que tiene,
tú verás en lo que para.

Juan   Don Gonzalo, así lo creo.

Gonzalo   Pues ya que estáis en su casa,
y no habéis visto a su padre
desde aquella noche infausta,
¿os vais sin hablarle ahora
por consuelo de sus canas?

Juan   No es posible, porque agora,
a un negocio de importancia
me lleva esta caballero.

Demonio   Venid, que ya nos aguardan.

Gonzalo   Esperad que él sale aquí.

Juan   A hablar solo una palabra
no es posible deternerme.

Adiós.

Demonio   Tú verás lograda,
si yo puedo, a un mismo tiempo
su afición, y tu venganza.

Juan   Vamos luego, que por ella
daré la vida.

Demonio (Aparte.)   (Y el alma.)

(Vanse los dos y sale Gaspar de Flores.)

Gaspar   Señor Don Gonzalo, hoy tiene
nueva vida mi esperanza,
pues vos que sois mi consuelo,
hoy venís a honrar mi casa.

Gonzalo   Yo, señor Gaspar de Flores,
soy quien los honores gana,
y quien a lograrlos viene.

Gaspar   Yo, amigo y señor, estaba
para salir a buscaros,
porque son mis dudas tantas,
que solo vuestro consejo
puede moderar las ansias
que cada día con Rosa
más vivo temor me causan.

Gonzalo   ¿Pues qué hay agora de nuevo?
Ya que quedó sosegada,
y cesando el casamiento,
ha logrado la palabra

que dio a Dios de ser su esposa,
y la dudosa esperanza
de Hábito de Tercera
de Santo Domingo, ¿en qué halla
su espíritu tanto aliento?
¿Ya no logró su eficacia
vivir en la estrecha cárcel
de su celda, retirada
de todo humano comercio?
¿Pues qué duda os sobresalta,
cuando ella, el mejor camino
ha escogido, y ya la fama
de su virtud, toda Lima
publica, admira, y alaba?

Gaspar   Ése es mi mayor cuidado,
pues por esas voces, anda
mi casa en lengua de todos,
y su crédito en balanzas.
Unos dicen que [es ilusa],
que su devoción es falsa,
otros, que hace su flaqueza
visiones imaginarias.
Otros, que estoy en peligro
de que la lleven mañana
a la Inquisición, y quede
sin honra toda mi casa.
Y que yo tengo la culpa
pues faltando a mi palabra,
por rendirme a su elección,
en ilusiones fundada,
perdí a don Juan de Toledo,
que enemigo se declara,
y quedando pobre, y viejo,

sin arrimo que me valga,
a pique estoy de perder
el pobre honor de mi casa.

Gonzalo   Si vos, señor, dais oídos
a las opiniones varias
que el vulgo siempre ignorante
en estos casos derrama,
no podréis tener sosiego,
porque su opinión liviana
se mueve como veleta
del aire que se levanta:
¿Rosa de sus confesores
no está bien examinada?

Gaspar   El doctor Juan del Castillo,
y el maestro Lorenzana,
que del glorioso Domingo
son las antorchas más claras,
y toda su religión
aprueba, admira, y ensalza
su vocación por segura,
y para más confianza
también de la Compañía
de Jesús a examinarla
han venido los maestros
de más letras y más fama,
y todos están conformes.

Gonzalo   Pues si ella tiene esas basas,
en que funda el edificio,
segura tiene la planta.

Gaspar   Pero vencida esa duda,

otro riesgo me amenaza.

Gonzalo   ¿Cuál es?

Gaspar   La vida de Rosa,
que según vive, se acaba,
pues sobre las penitencias,
que vos sabéis tan extrañas,
tanto ayuno, y disciplinas
que se da, casi inhumana,
con las cadenas de hierro,
hasta que aliento le falta.
Hoy la he hallado una corona,
que trae de pelo rapada,
con tres órdenes de clavos
de a treinta y tres cada banda.
De sus puntas tiene toda
la cabeza taladrada,
y la sangre corrompida
casi ya en todas las llagas.
¿Cómo ha de vivir con esto
una mujer delicada?
Y si ella muere, con ella
muere toda mi esperanza.

Gonzalo   Siendo ella tan obediente,
¿es posible que no basta,
que vos la mandáis que excuse
violencias tan temerarias?

Gaspar   Es tan rara su agudeza,
que siempre obedece, y halla
modo, con que obedeciendo,
más sus dolores agrava.

Pero pues habéis venido,
y ella os [respeta], y os ama,
quisiera ver si por vos
algo su rigor ablanda,
o a lo menos que se quite
del potro de aquella cama,
donde padece tormentos
las dos horas que descansa.

Gonzalo   Pues llamadla.

Gaspar   En una celda
de este huerto está encerrada,
y Bodigo es el portero:
llamad adentro.
[...]

Bodigo   Deo [gratias].

Gonzalo   Por siempre, hermano, abra ahí.

Bodigo   ¿Abra ahí? No hay tal palabra
en la sagrada escritura.
Abraham dirá, si ese llama,
y le abrirá al santo viejo.

Gonzalo   Abra, Bodigo, ¿qué aguarda?

(Sale Bodigo, de donado.)

Bodigo   Jesús sea con nosotros,
y qué gente tan cansada
son estos hombres del siglo.

Gonzalo   ¿Por qué, Hermano?

Bodigo   Porque llaman
               como fruteras. ¿Presumen
               que es lo mismo en esta casa
               venir a hablar con los santos,
               que ir por peras a la plaza?

Gonzalo   ¿Quién son los santos, Hermano?

Bodigo   Los que a aquel Señor alaban,
               y en su alabanza se arroban.

Gonzalo   ¿De qué suerte?

Bodigo   Verbigracia.

Gonzalo   Luego también el hermano
               es santo ya?

Bodigo   En eso se anda.

Gonzalo   ¿Pues qué milagros ha hecho?

Bodigo   Cada día uno de fama.

Gonzalo   ¿Y cuál es?

Bodigo   Matar el hambre.

Gonzalo   ¿Y ése es milagro?

Bodigo   Ella es tanta,
               que es grandísimo milagro;

pero es virtud, y ordinaria.
Milagros no hacen caso,
esos se hacen mientras se asa.

Gonzalo   ¿Qué se ha de asar?

Bodigo   La virtud,
que está de amor en la llama
derritiendo el corazón,
que cuando duerme, descansa.

Gonzalo   La virtud siempre está en vela.

Bodigo   Pues eso derrite el alma.

Gonzalo   ¿Qué hace Rosa?

Bodigo   ¿Queréis verla?

Gonzalo   Quisiera verla, y hablarla.

Bodigo   Está cosiendo una obrilla,
que la he dejado cortada.

Gonzalo   ¿Qué obrilla?

Bodigo   Unos milagrillos
que se han de entregar mañana.

Gonzalo   ¿Luego el hermano los corta?

Bodigo   Como aún no está examinada
la Rosa, cortar no puede.
Es novicia, y coser basta.

Gonzalo	¿Pues ya es maestro Bodigo?
Bodigo	Es muy antigua mi gracia.
Gonzalo	¿Cómo?
Bodigo	Los Bodigos tienen las virtudes en la masa, mas no nos dejan aquí hacer cosa de importancia.
Gonzalo	¿Pues aquí quién los estorba?
Bodigo	Unos angelillos que andan juguetoncillos, que enredan todo cuanto se trabaja.
Gaspar	Llama a Rosa.
Bodigo	Ya te ha oído, con que es preciso que salga.

(Sale Rosa de tercera dominicana.)

Rosa	Tu bendición, padre mío, me da.
Gaspar	La de Dios te caiga, hija mía, hija querida, que tú de mi edad cansada eres el báculo firme.
Bodigo	La boca se me hace agua

	de ver al viejo tan tierno.
Rosa	Yo, padre, estoy a tus plantas.
Gaspar	No, sino en mi corazón, porque tú me le dilatas.
Bodigo	Para Roma es bueno el viejo, porque todo se hace papas.
Gaspar	Habla el señor don Gonzalo, que viene a verte.
Rosa	Otra causa le traerá, que la de verme. Bien se ve, señor, que es vana.
Gonzalo	Aunque el veniros a ver tantos consuelos me alcanza, hoy no vengo por el mío, sino por el que le falta a vuestro padre, que tanto vuestro rigor menoscaba. El servir a Dios, señora, no es tan sangrienta batalla, que ha de ir siempre a sangre, y fuego, que la condición humana es débil, y al hombro flaco con una prudencia santa debe la virtud perfecta proporcionarle la carga. Vuestras mortificaciones tocan mucho en temerarias, y aunque a vos os vivifiquen,

a vuestro padre maltratan.
Y yo vengo a suplicaros,
que en ello toméis templanza,
que a vuestro padre no aflija,
y a vuestro amor satisfaga.

Bodigo   Eso no le quitarán
los azotes que se casca,
aunque la echen a galeras.

Gonzalo   ¿Pues por qué?

Bodigo   Porque mandarla
que no se azote, es mandar
a un cochero beber agua:
los azotes son sus dulces.

Gonzalo   No en azotes se repara,
sino en otras penitencias
de más rigor.

Bodigo   Eso vaya,
como la dejen las vueltas,
quítenle las cariñanas.

Rosa   Cierto, señor Don Gonzalo,
que esa piedad mal fundada,
nace, aunque de vuestro pecho,
de más crueles entrañas.

Gonzalo   ¿Estoy de entrañas crueles?

Rosa   Sí, y la razón está clara,
porque quien quita el alivio

a un corazón, con la capa
de piedad, dobla la herida,
porque le ofende, y le engaña.
Vos por mirar por mi vida
corporal, con piedad falsa,
queréis quitar a mi amor
vida que nunca se acaba.
Esa piedad es cruel,
porque dos veces me agravia,
en persuadirme el error,
y quitarme la ganancia,
y para verlo más claro,
¿qué gozos más se dilatan,
los del alma, o los del cuerpo?

Gonzalo   Cierto es que son los del alma
más dilatados, pues tienen
la capacidad más alta.

Rosa   Pues sentada esa verdad,
sentad también en la vasa,
de que Dios da por las penas
las dulzuras de la gracia,
y que por qualquier trabajo
se dobla el gozo que gana.
Luego si el alma es capaz
de glorias más dilatadas,
y por las penas del cuerpo
doble los gozos del alma,
no es piedad, sino es crueldad
la que de quitarme trata
por un alivio tan breve,
una ventura tan larga.

Gonzalo	Aunque es verdad que es más gozo
	el que el espíritu alcanza,
	y ése le da Dios por premio
	de lo que el cuerpo trabaja,
	no negaréis, Rosa, que hay
.	medidas proporcionadas
	a lo que alcanza de esfuerzo
	la naturaleza flaca.
	Luego la virtud perfecta
	debe medir con templanza
	a lo que llega su esfuerzo,
	porque si pasa de raya
	por penitencia indiscreta,
	la vicia esta circunstancia.
Rosa	Ese argumento distingue
	el estado de las almas.
	Cuando un alma se gobierna
	por virtudes ordinarias,
	debe usar de la prudencia,
	que es quien a todas las manda
	para que tomen el medio,
	y porque ninguna salga
	a los extremos viciosos,
	y en este caso se halla
	la indiscreción que decís,
	si a este cuidado se falta.
	Mas cuando un alma está ya
	de sus pasiones purgada,
	el Espíritu Divino
	la mueve, y entonces anda
	al paso que Dios la mueve.
	No hay allí prudencia humana,
	porque es el Don de Consejo,

que a la prudencia aventaja
quien la gu}a, y la dirige,
y la mueve a empresas arduas.
No padece duda alguna,
porque da una luz tan clara,
que de todo la asegura,
y en este estado se alcanza
aquella gran muchedumbre
de dulzura extraordinaria,
que para los que le temen,
escondió Dios en su gracia.

Gonzalo   ¿Pues puede moveros Dios
a dormir en una cama
de cinco leños nudosos,
llenos de tejas quebradas,
cuyas puntas se ensangrientan
en quien en ella se descansa?

Rosa   ¿Y la que tuvo mi Esposo
en la cruz, era más blanda?

Gonzalo   ¿Y Dios os manda tener
una celda tan escasa,
que en pie no cabéis en ella?

Bodigo   Es verdad, porque entra a gatas.

Rosa   Si cabemos yo, y mi Esposo,
¿no tiene el altor que basta?

Gonzalo   ¿Y el no comer, cuando siempre
el estómago os maltrata
con su dolor?

Bodigo	A eso voy,
	esto importa a la maraña.
	Mándemela usted que coma,
	que eso me la tiene flaca,
	y si es santa, en engordando,
	tendrá mucho más de santa.
Rosa	Yo lo que he menester como,
	lo demás no me hace falta.
Bodigo	Pero me hace falta a mí,
	que los criados se hartan
	de lo que sobra a los amos,
	y el pobre Bodigo anda
	siempre royéndose el nombre,
	porque jamás sobra nada.
Rosa	Tú come lo que quisieres.
Bodigo	¿Dónde está?, que aquí se pasa
	solo con olor de Rosa,
	que es comida valenciana.
	Señor, esto es perdición,
	ella toma una naranja,
	y se come tres pepitas,
	y yo ando siempre a la cuarta.
Gaspar	Aunque a tu espíritu, Rosa,
	debo dar mucha alabanza,
	solo una cosa hallo en él,
	que siempre me desagrada.
Rosa	¿Qué es?

Gaspar	Tener voluntad aun más que la necesaria.
Rosa	Yo, padre mío, la tengo siempre rendida a tus plantas.
Gaspar	Pues quita esa cama dura.
Rosa	Yo la tengo aconsejada de mi confesor, y luego la quitaré, si él lo manda.
Gaspar	Pues con eso voy contento.
Gonzalo	Y yo, Rosa, os doy las gracias.
Gaspar	Vamos, señor don Gonzalo, al maestro Lorenzana.
Gaspar	Vamos, que él lo hará sin duda.
Bodigo	Oye usted, sea plenaria la indulgencia, y saque usted una cena regalada para esta noche.
Gaspar	¿De qué?
Bodigo	De un menudillo de vaca.

(Vanse los dos.)

Rosa	Bodigo, con la visita

el tiempo hemos malogrado,
y a Dios no hemos alabado.

Bodigo
    Gracias a Dios no hay pepita,
      y lo haremos con decencia,
    ¿mas dónde están los mosquitos?

Rosa
    Ahora están recogiditos
    hasta que les den licencia.

Bodigo
      ¿No sabes que he reparado,
    que te azotes sin dar grito,
    y no sufras que un mosquito
    por jamás te haya picado?

Rosa
    Es vano ese sentimiento.

Bodigo
    ¿En qué está la vanidad?

Rosa
    Pica sin mi voluntad,
    y no doy merecimiento.

Bodigo
      ¿Pues no puedo conformarme
    al picar con su rigor,
    y aprovechar el dolor?

Rosa
    Más perdiera en inquietarme
      cuando estoy en la oración,
    que como pica impensado,
    aquel súbito cuidado
    turba la contemplación.

Bodigo
      Pues comencemos los dos.

Rosa	Ea, salgan mis cantores, aves, y plantas, y flores, vamos a alabar a Dios.

(Suena dentro música, si puede ser de violines, que remeden el zumbido de los mosquitos.)

Bodigo	Ya empieza su tarabilla la mosquita entonación, y el compás lleva un moscón, que es maestro de capilla.
Rosa	Todos a su Criador dan la alabanza que deben.

(Los árboles que ha de haber, deben estar puestos en forma que se puedan mover a compás.)

Bodigo	Y los árboles se mueven para alabar al Señor.
Rosa	Son su lengua natural las ramas, y las inclina a la alabanza divina.
Bodigo	Cantemos junto al peral, que tiene muy altaneras unas peras, y al bajar las podremos alcanzar, y cantaré para peras.
Rosa	Vamos, que se pasa el día: digamos juntos los dos.

| Bodigo | Vaya, y en nombre de Dios |
| | salga nuestra letanía. |

| Rosa | En honra de aquel amor |
| | que hizo tan felices bodas. |

(La Rosa dice representados los dos versos de la glosa, y cantan dentro, y la Rosa y Bodigo fuera.)

| Todos | «Las obras de Dios todas |
| | bendigan al Señor.» |

| Bodigo | Ay Rosa, que con los dos |
| | el cielo allí arriba canta. |

| Rosa | Pues, hermano, ¿que le espanta? |
| | También alaban a Dios. |

| Bodigo | ¡Jesús, y qué maravilla! |
| | Santo soy de plenitud. |

| Rosa | ¿De repente? |

| Bodigo | La virtud |
| | me ha entrado por la tetilla. |

| Rosa | No cantan por mí, pues antes |
| | cada día peor voy. |

| Bodigo | Por mí cantan, mas yo soy |
| | santo de participantes. |

| Rosa | Prosigamos, pues su amor |
| | les debió el primer desvelo. |

Todos	«Los ángeles, y el cielo bendigan al Señor.»
Rosa	Pues a todos su primor las dio nombre, e hizo bellas.
Todos	«Sol, y Luna, y estrellas bendigan al Señor.»
Rosa	Pues la virtud de su ardor templó de mi culpa el frío.
Todos	«El fuego, y el estío bendigan al Señor.»
Rosa	Pues al Divino Candor tanta semejanza debe.
Todos	«Los hielos y la nieve bendigan al Señor.»
Bodigo	¡Ay, Rosa!
Rosa	¿Qué te da enojo?
Bodigo	No puedo más de verdad.
Rosa	¿Por qué?
Bodigo	Ya la santidad se me sale por los ojos.
Rosa	Mucho más es de notar

mi miseria, que el dolor
de estómago con rigor
me comienza a fatigar.

Bodigo   Come algo, y ten buena maña,
porque el dolor se mitigue.

Rosa   Ay, hermano, que prosigue
con violencia muy extraña.

Bodigo   Come algo.

Rosa   Esto es tentación.

Bodigo   ¿Por qué, habiendo este enemigo?

Rosa   ¡Ay! No puede ser, Bodigo,
que es día de comunión.

Bodigo   ¿Comunión, estando agora
a pique de perecer?
Vive Dios, que ha de comer.
Yo voy por algo, señora.

Rosa   No puedo, hermano, comerlo,
porque hoy he de comulgar.

Bodigo   Por Dios que lo has de tragar,
aunque revientes con ello.

(Vase Bodigo.)

Rosa   Dulcísimo Esposo mío,
recíbeme este dolor,

no ha de perderte hoy mi amor,
que yo del tuyo lo fío.

(Cantan dentro, y descúbrese en lo alto una imagen de Cristo, y va subiendo la Rosa en elevación, y en llegando a proporción, baja Cristo a juntarse con la Rosa.)

Todos   «Rosa de mi corazón,
no es ese dolor tan malo,
que para hacerte un regalo,
te he enviado esa aflición.»

Rosa   ¡O Señor de los Señores!
Ya agradezco su violencia,
pues en tu hermosa presencia
lisonjean los dolores.

Todos   «Sube, Rosa, al alto grado,
que ya tu virtud merece,
pues el alivio te ofrece
la llaga de mi costado.»

Rosa   Mi humildad, ¡o gran Señor!,
el labio a tu pecho aplica,
pues tu amor me comunica
el mérito, y el favor.

Todos   «Pues ya el dolor se modera,
quédate, Rosa, avisada,
pues te dejo confortada
para el riesgo que te espera.»

(Cúbrese la apariencia.)

Rosa	¡O Esposo dulce, y eterno! Si tú en él me has de valer, ¿qué riesgo puedo temer?

(Sale el demonio.)

Demonio (Aparte.)	(Todo el furor del infierno, pues sus furias convocadas de la mía vienen ya. Hoy esta torre verá sus almenas derribadas.)

(Sale Bodigo con un vaso de vino.)

Bodigo	Rosa, aquí tiene un trago, que es contra toda violencia, bebe sobre mi conciencia, y dale carta de pago.
Rosa	No es menester, que entretanto tuvo el dolor mejor fin.
Bodigo	Mira que es de San Martín, y eso es desprecio del santo.
Rosa	Bébele tú por los dos.
Bodigo	¿Y me le mandas beber?
Rosa	¿Pues ya qué quieres hacer?
Bodigo	Sea por amor de Dios. No pienso hacer resistencia, aunque la virtud estrago.

¡Oh! ¡Cómo conforta un trago
bebido por obediencia!

Demonio   Este necio hipocritón
me ha venido a embarazar,
pero de aquí le he de echar
con su misma inclinación.

Bodigo   En fin, Rosa, ¿no has querido
por alivio tomar nada?

Rosa   Yo he sido más regalada,
con que el dolor he vencido.

Demonio   Con esto pretendo hacer
que se vaya este donado,
y él quedaró castigado
cuando lo vaya a beber.

Rosa   No ha sido eso para mí.

Bodigo   ¿Qué dices? ¿Pues no has tomado
lo que el cielo te ha enviado?

Rosa   Eso será para ti.

Bodigo   ¿Para mí?

Rosa   ¿Qué te hace espanto?

Bodigo   ¿Para mí, y Dios me lo envía?

Rosa   Sin duda.

Bodigo	¡O pureza mía! No pensé que era tan santo.
Rosa	No hay aquí que discurrir.
Bodigo	Esto de remate va, porque los milagros ya se me vienen sin sentir. ¿Y de esto no comerás?
Rosa	No es para mí ese consuelo.
Bodigo	Mira que estará del cielo.
Rosa	No es posible.

Bodigo	Bien harás,
	  y pues mi almuerzo se fragua
	para no darte dentera,
	quiero salirme allá fuera.
	La boca se me hace agua,
	  venga el vidrio cristalino,
	y huele algo a chamuscado,
	mas debe de ser cuidado
	para que sepa a tocino.
	  Rosa a tu amor me consagro.

Rosa	Ve, y come con bendición.
Bodigo	Mientras tú haces oración digeriré yo el milagro.
Rosa	Dios regalarte ha querido.

Bodigo	Sírvole, y me da consuelo,
	que este regalo del cielo
	va comido por servido.

(Vase Bodigo.)

Demonio	La puerta se deja abierta,
	que es lo que importa a mi afán,
	pues para que entre don Juan
	he menester esta puerta.
	Comience ahora mi batalla,
	que esta noche no ha dormido,
	y la cojo desvelada
	para lograr mis designios.
	Espíritus infernales,
	que sois horror del abismo,
	venid todos, porque a un tiempo
	la opriman todos los vicios.

(Salen cuatro mujeres adornadas como ninfas cantando.)

Músicos	«Morfeo perezoso,
	deidad sin artificio,
	derrama tu beleño
	por todos sus sentidos.»

Rosa	¡Válgame el cielo! ¿Qué peso
	tan de repente ha venido
	a mis ojos, que los grava
	con un sueño tan prolijo?
	Este noche me he negado
	las dos horas del alivio,
	que suelo tomar, el cuerpo
	fatigado hace su oficio.

Músicos   «Tus densas sombras traigan
                 el húmedo rocío,
                 que a todas las potencias
                 suspende el ejercicio.»

Rosa   ¡Ay, Dios, qué pesado sueño!
                 Pero en vano lo resisto,
                 pues tú siempre estás velando,
                 cuida de mí, Esposo mío.

(Siéntase a dormir.)

Demonio   Eso es lo que deseo:
                 hagan agora los vicios
                 cada cual su batería,
                 que ella caerá de algún tiro.
                 Vanidad, tú la primera
                 la acomete, que aunque es tibio
                 tu fuego, es siempre el que da
                 a toda ruina principio.

(Canta la Vanidad.)

Vanidad   «Si por tu amante, Rosa,
                 tu vida es un martirio,
                 de más altos favores
                 tu grande amor es digno.
                 Ya pasan tus finezas
                 del término preciso
                 de la naturaleza,
                 pues vives sin sentidos.»

(Entre sueños Rosa.)

Rosa   Yo del amor de mi Esposo
                            soy indigna, pero fío
                            de su bondad el perdón
                            que merecen mis delitos.

Demonio   Presunción, entra tú ahora,
                            pues te ha dejado camino.

(Canta la Presunción.)

Presunción   «Humilde, Rosa, eres,
                            mas tantos ejercicios
                            le quitan a tu amante
                            la gloria de benigno.
                            Si lo mereces todo,
                            ¿qué te ha de dar su arbitrio,
                            si no deja a la gracia
                            lugar lo merecido?»

(Soñando Rosa.)

Rosa   Él da conforme a sus obras
                            el premio a sus escogidos,
                            y el que sin ella presume,
                            merece justo castigo.

Demonio   Llega tú ahora, amor propio,
                            por si abres algún resquicio.

(Canta Amor propio.)

Amor propio   «No ha merecido, Rosa,
                            tu cuerpo tal castigo,

80

pues ha tenido siempre
sujeto su apetito.
Rigor será inhumano
negarle algún alivio,
pues con trabajos tantos
le tiene merecido.»

(Soñando Rosa.)

Rosa   Yo conozco sus traiciones,
y por eso no me fío
de su falso rendimiento,
que siempre tiene peligro.

Demonio   Logra la ocasión, lascivia,
y ponla en el riesgo mismo
que teme, siembra en su pecho
tus ardientes incentivos.

(Canta la Lascivia.)

Lascivia   «Tu flor se pasa, Rosa,
y el fruto prometido
a tu hermosura niega
el nácar ya marchito.
Lógrale antes que pierdas
de tu verdor el brío,
que al florecer las plantas,
es natural el vicio.»

(Soñando Rosa.)

Rosa   No quiero más deleites
del casto amor en que vivo,

no, no, no. Cielos, valedme,
que se rebela el sentido.

Demonio   Agora entrará don Juan,
que no ha de quedar camino
que no invente mi malicia
para rendir su albedrío.
Don Juan, venid, que ya es hora.

(Sale don Juan.)

Juan   De vos mi venganza fío.

Demonio   Aquí la mayor venganza
es lograr vuestro amor fino.
La ocasión tenéis a mano,
no teméis ningún peligro,
que las personas que veis,
todas están a serviros.

Juan   Todo el horror de mi enojo
se templa en haberla visto,
y del fuego de mi amor
la llama al verla ha crecido.

Demonio   Eso es lo que yo deseo.
Ya la palabra he cumplido
de poneros donde vos
seáis el juez, y el testigo
de vuestro mismo desprecio.
Nadie aquí puede impediros,
pues todos los que miráis
aquí por vos han venido,
lograd vuestro amor, que luego

                              la violencia hará el cariño.

Juan   Tropezando en mis temores,
                              me acerco a su Sol divino.
                              ¡Oh, cómo el amor es rey!
                              Pues cuando cerca le miro,
                              la majestad me detiene,
                              y cuando me impele el mismo,
                              lo que el fuego da calor,
                              me da el respeto en frío.

Demonio   Ea, vicios, provocadlos,
                              haced aquí vuestro oficio.

Músicos   «Coronámonos de rosas,
                              logre el amor su apetito,
                              no haya prado que no pazca
                              licencioso el albedrío.»

(Soñando Rosa.)

Rosa   No, no quiero amor humano.
                              ¿Dónde estás, Esposo mío?
                              ¿Cómo aquí me desamparas?

Demonio   Ya vuestro agravio habéis visto.
                              Llegad, que seguro vais,
                              yo confundiré el ruido
                              de sus voces, disponiendo
                              que canten al tiempo mismo.

Juan   Ya llego, Rosa querida,
                              perdona mi mano osada,
                              que te busca deshojada,

cuando te encuentra dormida.
Tu hermosura me convida,
y ella el temor me previene,
la culpa, disculpa tiene,
pues a osadía tan loca
tu hermosura me provoca,
y ella misma me detiene.

(Vale a tomar la mano, y despierta la santa Rosa.)

Rosa   ¡Ay de mí! ¿Cielos, qué es esto?

Juan   Un amor es que atrevidas
                              las finezas que desprecia,
                              quiere cobrar en caricias.

Rosa   ¿Qué fuego es éste, que estaba
                              dentro del alma escondido,
                              dulce Esposo?

(Repiten los vicios lo que dice la santa Rosa.)

Músicos   «Dulce Esposo.»

Rosa   Mi peligro...

Músicos   «Mi peligro.»

Rosa   Va creciendo.

Músicos   «Va creciendo.»

Rosa   Dame alivio.

Músicos	«Dame alivio.»
Rosa	Tu socorro...
Músicos	«Tu socorro.»
Rosa	Me defienda, Jesús mío.

(Al decir Jesús, se hunden los vicios, y baja el ángel con espada en la apariencia que mejor pareciere, y echa al demonio, y el niño Jesús se aparece en una apariencia.)

Ángel	Tu licencia, bestia fiera,
	cese aquí, vete al abismo.

Demonio	Ya voy rabiando de verme
	por una mujer vencido.

(Vase el demonio.)

Juan	¿Qué luces, cielo, son éstas
	que exceden a los sentidos?
	Sin mí, y sin vista he quedado:
	yo he perdido aliento, y tino.
	Rosa, ya mi error confieso,
	y tus virtudes admiro,
	sáqueme tu intercesión
	de este ciego laberinto,
	que yo seré pregonero
	de lo que he sido testigo.

Rosa	Pues ya le vale el dolor,
	guíale, Custodio mío.

(Llévale el ángel.)

Juan

Ya veo la puerta. Cielos,
yo ofrezco con este aviso
dar el resto de mi vida
al dolor de mis delitos.

(Vase don Juan.)

Niño Jesús

¡Rosa!

Rosa

Divino Señor,
¿cómo tan cruel conmigo,
que me habéis desamparado,
pues sin mí, ni vos me he visto?

Niño Jesús

¿Qué fuera de ti, si yo
no hubiera estado contigo?
Yo en estos empeños, Rosa,
conozco a mis escogidos,
para coronarse, en todos,
son estos riesgos precisos,
pero queda consolada,
que ya el último has vencido.

Rosa

Mi mayor consuelo es
el ver tu rostro divino.

Niño Jesús

Siempre en el pecho me tienes,
y de ti no me despido,
porque yo en tu corazón
me quedo aunque me retiro.

(Vuela.)

Ángel	Rosa, con esta victoria queda ya tu nombre escrito en el libro de la vida. Desde aquí ha de ser tu oficio dar a otros hermanos parte de la luz que has recibido.
Rosa	Tú has de ser siempre mi guía.
Ángel	Siempre estaré yo contigo.

(Vase. Sale Bodigo chamuscada la cara.)

Bodigo	¡Ay, Rosa del alma mía, que vengo muerto!
Rosa	Bodigo, ¿qué te sucede?
Bodigo	Que vengo asado como cabrito. El demonio me ha engañado, que era redoma aquel vidrio, y algún familiar estaba dentro de ella.
Rosa	¿Cómo ha sido?
Bodigo	El diablo estaba en conserva, y al irle a dar finiquito, echando la bendición, como de ti lo he aprendido, disparó la carabina,

	y me llevó los hocicos.
	Dame vino, que me abraso.
Rosa	¿Vino pides por alivio?
Bodigo	Para beber, y para lavarme,
	que es sangre de Dios el vino,
	y contra el fuego del diablo,
	me valdrá el fuego de Cristo.
Rosa	Ven, que yo te curaré.
Bodigo	Pues dio mi almuerzo en vacío,
	haz para curarlo asado,
	que me den algo cocido.
Rosa	Fía de Dios, que ya queda
	vencido nuestro enemigo.
Bodigo	Como ve que soy tan santo,
	rabia de envidia el maldito.

Fin de la segunda jornada

Jornada tercera

(Sale la virgen del Rosario, una niña vestida con manto azul, y con ella todas las mujeres con tunicelas, y tocados de vírgenes.)

Virgen
Puras azucenas mías,
gloria de la castidad,
a mi Rosa despertad,
que ya caen las sombras frías,
   y ya mi Hijo está esperando
de la boca de su Esposa,
la enhorabuena dichosa,
que ella le da en despertando.
   Y yo estoy comprometida
de despertarla a esta hora,
porque al romper el aurora
la tiene el sueño vencida.

Músicos
«Despierta, bella Rosa,
las luces de tu Oriente,
que el Sol no las ostenta
hasta que tú amaneces.
Despierta, que el Cordero
ya va la tiernamente,
para que tú le sigas
donde quiera que fuere.
Despierta, despierta
tus luces alegres.»

Virgen
Rosa.

(Dentro.)

Rosa
Divina Señora,

ya voy.

Virgen

Hoy te has descuidado,
sacude el sueño pesado,
levántate, que ya es hora.

(Sale Rosa.)

Rosa

¡Oh, Soberana María!
Siempre tú mi aurora eres.

Músicos

«Despierta, Rosa, si quieres
que tenga más plazo el día.
Despierta, despierta
tus luces alegres.»

(Vanse todos sino Rosa.)

Rosa

¡Ay de mí! ¡Señora, espera!
¡Oh, qué visita he perdido!
¡Oh, sueño mal resistido!,
¡Oh, quién velando estuviera!
    ¡Ay, que me deja inflamado
el corazón fervoroso
aquel rostro tan hermoso
que vi de luces bañado!
    ¡Ay de mí!

(Sale Bodigo.)

Bodigo

¿Quién anda allá?

Rosa

Quien ya no vive consigo,
quien está ardiendo. ¡Ay, Bodigo,

qué regalo!

| Bodigo | ¿Dónde está? |

Rosa

Conmigo ha estado aquí ahora
todo el centro del placer.

Bodigo

¿Vino en cosa de comer?

Rosa

No vino sino la aurora,
   que entró a despertarme aquí,
y se fue haciendo la salva.

Bodigo

Pues esa no es sino el alba.

Rosa

¡El amor era, ay de mí!
   ¡Que perdí el gozo primero!

Bodigo

Yo también soñando estaba
con él, y que de él me hartaba,
y agora de hambre me muero.

Rosa

Yo ahora de verle acabo,
y su luz tuve presente.

Bodigo

Yo soñaba en una fuente
de pepitoria de pavo.

Rosa

Abrasada me ha dejado
de las luces que arrojaba.

Bodigo

Sí, que ello caliente estaba,
pero ya se me ha enfriado.

Rosa	¡Oh qué dulzura tan bella perdí por estar dormida!
Bodigo	¿Dulzura? Pesa mi vida: ¿dónde está? Vamos tras ella.
Rosa	Aquí ha estado, y su dulzura trocó el ausencia en acábar.
Bodigo	¿Vino en seco, o en almíbar?
Rosa	Vino en la misma hermosura, y con dulce melodía llamó hasta que despertamos.
Bodigo	Pues sigámosla, aunque vamos hasta la confitería.
Rosa	El olor solo provoca a estimar sus maravillas.
Bodigo	Por aquí huele a pastillas, pero no a cosa de boca.
Rosa	Dulces del alma lisonjas, ¿dónde os fuisteis?
Bodigo	Lindo cuento: se habrán ido a algún convento, que el dulce anda entre las Monjas.
Rosa	Llamámosle, pues, Bodigo, tenga esperanza esta pena.

Bodigo	Llamámosle en hora buena.
Rosa	Divino amor.
Bodigo	Buen amigo.
Rosa	Dulce, y fiel amigo mío.
Bodigo	Dulce en caja, o en bocado.
Rosa	Y en mi pecho abrasado.
Bodigo	Venga dulce, aunque sea frío.
Rosa	Divino Amor, que de mí te retiras tan esquivo, mira que sin ti no vivo. ¿Dónde estás?

(Dentro música.)

Niño Jesús	Cerca de ti.
Rosa	Bodigo, ¿no has escuchado?
Bodigo	Sí, ¿pues no tengo que oíllo?
Rosa	¿Qué es esto?
Bodigo	Algún milagrillo será que viene cantando.
Rosa	Milagro es, que ello se nota en lo dulce del sonido.

Bodigo	Sin duda se me ha caído de esta faltriquera rota.
Rosa	Amor divino, si vienes, hazme dichosa este día.

(Dentro.)

Música	«Contigo estó, Rosa mía, que en tu corazón me tienes.»
Bodigo	Yo me salgo con ser santo.
Rosa	Voz de tan rara dulzura de milagro es.
Bodigo	Y de dura, porque es milagro de canto.

(Sale el niño Jesús, y cantan dentro.)

Músicos	«El más hermoso clavel de la mejor Rosa amante viene a lograr en sus hojas los olores más suaves.»
Niño Jesús	Rosa.
Rosa	Divino Farol.
Niño Jesús	Hoy buena aurora has tenido.
Rosa	Bien se ve cuán buena ha sido,

pues me ha traído este Sol.

Bodigo   ¿Quién me causa estos enojos?
Ciego estoy, y llego a oíllo,
¿si es milagro del campillo,
que pone tan bien los ojos?
    Rosa, ¿dónde te aseguras?
Nada veo en conclusión,
ello soy santo chanflón
y habré de pasar a escuras.

Niño Jesús   Hoy mala la noche ha sido
con el dolor de garganta;
mas por ser la pena tanta,
este consuelo has tenido.

Rosa   Con tu presencia, Señor,
no hay mal que lo pueda ser.

Niño Jesús   Yo te vengo a entretener
mientras dura ese dolor.

Bodigo   Yo aquí oigo hablar, cierto es,
mas nada ve mi cuidado.
Yo este milagro le he errado,
y me le he puesto al revés.

Niño Jesús   Rosa, yo quiero jugar
contigo.

Rosa   ¿Cómo ha de ser?
Que yo no puedo perder,
ni tú tienes qué ganar.

Niño Jesús	Juguemos, que tú dispones en mi amor estos cuidados.
Rosa	¿A qué, Señor?
Niño Jesús	A los dados, que es el juego de mis dones. Echa el dado, con que aciertes un afecto venturoso.
Rosa	Échale tú, dulce Esposo, que en tu mano están mis suertes.
Niño Jesús	Toda suerte está en mi mano, mas porque mi amor se arguya, yo la remito a la tuya. Echa el dado.
Rosa	En obedecerte gano.
Niño Jesús	Y en el dado también, Rosa, han ganado tus amores, que es de pareja mayores.
Rosa	Mi suerte ha sido dichosa.
Niño Jesús	¿Qué quieres, pues, si has ganado?
Rosa	Que me quites pena tanta de este dolor de garganta.
Niño Jesús	Ya estás sin él. Echa el dado, que pues de ganancia estás, no malogres la ocasión.

(Vuelve a echar el dado.)

Rosa   Vaya con tu bendición.

Niño Jesús   Perdiste con dos, y as.
        Mira, Rosa, que mal hace,
       aunque se juzgue más fuerte
       quien llega a fiar de suerte
       que tan presto se deshace.
        ¿Quien de sí fiarse puede,
       si tras el punto mayor,
       si puede echar el menor
       como a los más les sucede?

Bodigo   Que aquí están hablando, es cierto,
       o me lo finge el oído.
       Yo debo de estar dormido,
       y sueño que estoy despierto.

Niño Jesús   Rosa, la suerte has perdido,
       ¿qué tengo yo que ganar?

Rosa   Yo, Señor, ¿qué te he de dar?
       Toda tuya siempre he sido.

Niño Jesús   Algo he de ganar yo aquí.

Rosa   Escógelo tú, Señor.

Niño Jesús   Sea un poco del dolor,
       que hoy le padezcas por mí.

Rosa   Si le padezco por ti,

	no será dolor jamás.
Niño Jesús	Sí seré, y tú lo verás cuando me aparte de ti.
Rosa	Ése será más rigor, si tú te vas, dulce Esposo.
Niño Jesús	Ya, Rosa, será forzoso por dar lugar al dolor.
(Vase.)	
Bodigo	¿Qué miro? Ya ha amanecido, Rosa de mi corazón.
Rosa	Bodigo, ¿qué suspensión ha sido ésa que has tenido?
Bodigo	Ya soy santo consumado: Rosa, yo aquí me quedé en éxtasis, y ya sé qué es estar arrebatado.
Rosa	¿Cómo ha sido?
Bodigo	Me dio un bote el espíritu, y la luz se cubrió con un capuz, la vista se fue al cogote, y yo así me estuve quedo viendo tanta oscuridad, mas si va a decir verdad, yo he tenido mucho miedo.

Rosa	Mucho tu virtud se alienta, si ya te hace esa inquietud.
Bodigo	Ello crece mi virtud sin que yo se lo consienta.
Rosa	Fácil es de proseguir, pues todo el cielo lo llueve.
Bodigo	Esto de ser santo debe de pegarse sin sentir.
Rosa	¿No sientes dentro de ti de la virtud el calor?
Bodigo	Es virtud de resplandor, que anda alrededor de mí.
Rosa	¡Ay, Jesús, que ya el dolor ha venido, y tan cruel que para quejarme de él, no da licencia el amor! ¡Ay de mí!
Bodigo	¿Qué tienes, Rosa? Todo el color has perdido.
Rosa	No le está bien al sentido esta congoja amorosa. ¡Ay, qué dulce padecer!
Bodigo	¿Pues qué sientes?

Rosa	Un dolor,
	que no puede ser mayor,
	y no le quiero perder.
	¡Ay, que en el pecho amoroso
	me revienta el corazón!
Bodigo	¿Tienes alguna aflicción?
Rosa	No, sino un dolor sabroso.
Bodigo	Pues eso solo acontece
	al que llega a encarnizarse
	con la sarna, que al rascarse
	sabe bien, y luego escuece.
Rosa	Este dolor te consagro,
	mas si no es para morir,
	no le he de poder sufrir.
Bodigo	Pues hagamos un milagro
	para la propia persona.
Rosa	No le haré yo para mí.
Bodigo	¿Pues hemos de ser aquí
	santos de llave capona?
Rosa	¡Ay, Bodigo, que ya está
	el sufrimiento apurado!
Bodigo	Pues tu padre ha despertado,
	y a tus voces sale ya.

(Sale Gaspar de Flores.)

Gaspar	Hija Rosa.
Rosa	Padre mío.
Gaspar	¿Qué tienes?
Rosa	Padre, un dolor, que agradezco su rigor, y en sufrirle desconfío, yo a tanta violencia cedo. Socórrame tu favor, Custodio, en tanto dolor, que ya resistir no puedo.
Gaspar	Hija, no tan mal se trate tu rigor. Por algún medio, tendrá ese dolor remedio.
Rosa	Un poco de chocolate tomara yo.
Bodigo	Es cosa rica, y su más hidalgo apodo, es que es un sánalo todo, y no le hay en la botica. Tráiganle luego esa ofrenda.
Gaspar	¿Dónde se ha de hallar agora, que en casa no le hay, ni es hora de hallar abierta la tienda?
Bodigo	Yo solo le sabré hallar.

Gaspar	Pues ve, Bodigo, por ello.
Rosa	No tenéis que cuidar de ello, que ya lo han ido a buscar quien lo hará con más cuidado, y no tardará en venir.
Gaspar	¿Pues quién ha podido ir, hija, si aquí nadie ha entrado?
Rosa	Quien fue por él, aquí estaba, y presto con él vendrá.
Gaspar	Rosa tu flaqueza ya tu discurso menoscaba. ¿Cómo piensas de repente un tan frío disparate?
Bodigo	Si ella trae el chocolate, no vendrá sino caliente.
Gaspar	Yo quien le traiga no espero.
Bodigo	Yo le espero, si tú no.
Gaspar	¿Quién ha de traerle?
Bodigo	Yo, que soy santo jicarero, y sa es virtud de almohadillas, y milagro de mujer.
Gaspar	¿Qué dices?

Bodigo	Lo puede hacer qualquiera que hace vainillas. ¿Quieres verlo?
Gaspar	Y percibirlo.

Bodigo	Ya est el agua a calentar,
	ya el recado van a echar,
	ya baten el molinillo,
	    ya lo traen hacia acá,
	para que a Rosa consuele.
	Ya llega a casa, y ya huele,
	mira que tan cerca está.
	    Ya entra, para que le den
	las gracias de lo que pasa.

(Sale un criado con una chocolatera.)

Criado	Sea Dios en esta casa.
Bodigo	Y el chocolate también.
Criado	Don Gonzalo mi señor envía este chocolate, con que Rosa se rescate de tan prolijo dolor.
Bodigo	Jesús, mi virtud convoca testigos de mi poder, aquesto es saber hacer milagro a pedir de boca.
Gaspar	¿Pues quién dijo allá que Rosa estaba con este afán?

Criado	Un mancebo muy galán,
	que en casa dice que posa.
Rosa	De casa es quien fue por ello,
	aunque tu amor no le trate.
Bodigo	Tomemos el chocolate,
	y luego hablaremos de ello.
Gaspar	El cielo, de tu consuelo,
	hija, ha querido cuidar.

(Dale Bodigo el chocolate.)

Bodigo	¿Pues puede nadie dudar
	que ésta es bebida del cielo?
	Vengan jícaras, que ya
	está la espuma saltando.
Criado	Aquí están.
Bodigo	Vamos tomando.
	¡Jesús, el olor que da!
	No tienen que ver perdices
	cuando están puestas a asar.
	Esto sí, que sin pesar
	sabe dar humo a narices.
	Toma, Rosa, y poco a poco
	sorbe esa jícara bella,
	que en bebiéndola, con ella
	perderés el miedo al coco.
Rosa	Poco basta.

Bodigo	A ella arremete,
	que va de consolación,
	que jícara, y Ocasión
	han de tener buen copete.
Rosa	Solo puede esta bebida
	quebrantarme este dolor.
Bodigo	Si eso hace, en perpetuo honor
	la tendré toda mi vida,
	a todos es oportuno.
	¿Hay cosa como un licor
	tal, que quebranta un dolor,
	y no quebranta el ayuno?
Rosa	Su virtud es conocida,
	que ya el dolor se ha quitado.
Bodigo	¡Jesús! También me ha sanado
	a mi una muela podrida.
	Su crédito de esta vez
	adelanta mucho el paso,
	tómale tú, por si acaso
	te sana de la vejez.
Gaspar	No le quiero.
Bodigo	¿A tal dislate?
Gaspar	Tómale tú.
Bodigo	No hay que hablar.

Rosa	¿Qué hace, [Bodigo]?
Bodigo	Empapar el Bodigo en chocolate.
Gaspar	Pues buena te llego a ver, quédate a Dios, hija mía.

(Vase.)

Bodigo	Esté mala cada día, si chocolate ha de haber.
Rosa	Adiós padre, y el favor que me hacéis, os satisfaga.
Bodigo	Sí haré, que Dios siempre paga muy bien, aunque es tan Señor.
Rosa	Pues hemos quedado solos, razón será que la deuda que nos ha hecho Dios, pagarla con alguna recompensa, de aquestas fragantes flores, pebetes que al Sol se queman, y en holocaustos al cielo olor suave le inciensan. Una guirnalda tejamos, para que a mi Esposo pueda coronar, que aunque de espinas se la puso la inclemencia, de nuestras ingratitudes, estima tanto la enmienda Dios de cualquier pecador,

que si arrepentirse llega,
sabe convertir en Rosas
las espina de la ofensa
De esos rosales, Bodigo,
coja flores.

Bodigo   Si cogerlas
quiere, en mí la hallará.

Rosa   ¿Tiene flores?

Bodigo   Y muy buenas.

Rosa   ¿Cuáles son?

Bodigo   Las del fullero,
y las del berro.

Rosa   No pierda
el tiempo con sus malicias,
mediré con advertencia
en las flores, que son astros
de esta monarquía excelsa.
Rey de este vulgo de flores
este clavel representa
en la púrpura que viste
con majestad, y grandeza,
de los mártires gloriosos,
la jerarquía suprema,
pues con sangre la corona
se labró su fortaleza.
De las vírgenes sagradas
esta cándida azucena
es símbolo, pues haciendo

claustro de sus hojas mesmas,
encierra en su castidad
el oro de su pureza.

Bodigo   Con ser castas, da el olor
quebraderos de cabeza.

Rosa   Ejemplo es de penitentes
este lirio, pues apenas
rompe el morado capullo,
cuando inclina hacia la tierra
las puntas que le coronan,
enseñando su advertencia,
que para subir al cielo
se ha de buscar la aspereza.
La rosa, reina del prado,
es insignia verdadera
de los doctores sagrados,
cortada verás que ostenta
más fragancia, y más olor
que como morir espera
más presto, en sus perfecciones
y ellos en su muerte hicieron
aprovecha en sus exequias,
que alumbrase más su ciencia.

Bodigo   Como tienen tanto pico
las rosas, son muy discretas.

Rosa   La brevedad de la vida
estas maravillas muestran,
pues sombras son las que ayer
fueron en el suelo estrellas.

Bodigo	Por eso está el Noviciado de las Maravillas cerca. ¿Y a los romeros, que en forma de cruz los hace que crezcan con su virtud milagrosa, no dice nada?
Rosa	No sea necio, que en mí no es virtud lo que en Dios es providencia. Y pues las flores tenemos tejamos esta diadema.
Bodigo	En hacerlas ramilletes es mejor que se entretenga, que en Santa Cruz a ocho cuartos los venden las jardineras.
Rosa	¿Pero qué rumor es éste de cajas, y de trompetas?
Bodigo	¿Qué ha de ser? Serán las bulas, como viene la cuaresma.
Rosa	Ya el estruendo crece, y tocan las campanas a gran priesa a rebato.
Bodigo	Y Don Gonzalo y tu padre ya acá llegan asustados.

(Salen don Gonzalo, y Gaspar de Flores.)

Gonzalo ¡Gran desdicha!

Gaspar Rosa mía.

Rosa ¿Qué os molesta?
¿Qué tenéis? ¿Qué ruido es éste?

Gonzalo Rosa, los cielos ordenan
para más crédito tuyo
el peligro que nos cerca.
Conjurada la herejía,
en una armada soberbia
llegó a Lima, y ha tomado
un puerto nuestro, y ya entra
en la ciudad, que de llantos,
y de dolor está llena.

Bodigo Hay más que en gracia de Dios
ser hereje. ¿Qué os da pena?

Gaspar ¿Cómo podemos librarnos
de su furia?

Gonzalo Sin defensa,
¿cómo el riesgo venceremos?

Rosa Queriendo Dios, y con estas
flores podemos vencer
su furia.

Gaspar ¿De qué manera?

Rosa Arrojándolas al aire,
porque en defensa se vuelvan.

(Fórmase una cruz de las rosas, quedando pendientes de un alambre delgado.)

Gaspar

Mas, cielos, ¿qué es lo que miro?
Una cruz se formó de ellas.

Gonzalo

¡Qué admiración!

Gaspar

¡Qué prodigio!

Bodigo

Que lo es es cosa cierta,
pues las flores se hacen cruces,
y aun se han quedado suspensas.

Rosa

Pues militando valientes
debajo de esa bandera,
que tremolada en el aire,
de la fe es insignia excelsa,
podremos de sus errores
heréticos y violencias,
constantes en nuestra fe,
triunfar, muriendo en defensa
de Dios, pues murió piadoso
por redimirnos en ella.
Y así no teméis sus iras,
que yo seré la primera,
que católica amazona,
valiente, cuanto resuelta,
irá al templo sacrosanto,
y pues en su entrada misma,
siendo espada mi valor,
y escudo mi fortaleza,
antes que profane el culto

sacrílega su inclemencia,
recibiré de su saña
tantas heridas, que pueda
en el golfo de mi sangre
anegarse su soberbia.
Y así, pues que del martirio
estamos en la palestra,
no al peligro se acobarde
nuestra natural flaqueza.
Prevéngase nuestra fe
a esta militar contienda,
sea el corazón la plaza
de armas donde en hileras
se formen los batallones
de propósitos, y enmiendas.
Ponga el deseo las armas,
las municiones la lengua,
pidiendo al cielo socorro.
La muralla el pecho sea,
foso las lágrimas hagan,
y rumor dulce la queja.
Muriendo triunfe el valor,
porque en las lides sangrientas
del martirio, solo vence
el que muere en la pelea.
Pero, amantísimo Esposo,
dulce Jesús, no consientas,
que de tu sagrada imagen
se falte a la reverencia.
Hermosísima María,
tu misericordia sea,
quien en tan grande peligro
por tus hijos interceda.
No permitas que la furia

de aquesta gente perversa,
enemigos de la fe
con la ponzoñosa soberbia
de sus ritos, inficionen
esta católica tierra,
ensangrentando sus iras
en sus cuellos, pues se arriesga,
que temerosos sacudan
de la coyunda halagueña
los yugos de nuestra ley
temiendo la muerte fiera.
Y pues por vencer los fueros
de tu cándida pureza,
hollaste de ese dragón
la amotinada cabeza,
haciéndole que a tus plantas
confesase su blasfemia.
De este monstruo racional,
hidra de sectas diversas,
haz que la cabeza falte
destroncada, porque puedan
de los miembros que le asisten
desmayar las viles fuerzas.
¿Mas qué dulce paraninfo
cruza la región eterna?

Gonzalo   ¿Qué arco de paz es aquéste?

Gaspar   ¿Qué luz celestial es ésta?

(Descúbrese un ángel, por lo alto del teatro, y baja extendiendo un iris, y habiendo atravesado todo el distrito de él, en acabando de cantar, se cubre el ángel, y el iris por los dos extremos, y se juntan haciéndose una nube al pie de la cruz, y se la lleva a lo alto. Canta el ángel.)

Ángel	«Rosa, por tu intercesión
	Dios quiere que no padezca
	Lima la invasión de tantos
	enemigos de su iglesia.
	Muriendo su general,
	se retira su soberbia,
	dando a la fuga rendidos,
	mas que a las naves las velas.
	Alienta, alienta,
	Lima, pues en Rosa
	tienes tal defensa.»
Rosa	Gracias te doy, Señor mío,
	por mercedes tan inmensas.
Gonzalo	¡Qué portento!
Gaspar	¡Qué prodigio!
Bodigo	Sus maravillas son ciertas,
	mas ésta es de las armadas.
(Dentro.)	
Una voz	Rosa, de esta infiel tormenta
	nos libra, que el arco de iris
	sobre su casa se muestra.
Gonzalo	Rosa, a tu virtud debemos,
	que el riesgo se desvanezca.
Gaspar	Por ti libertad y vida
	toda Lima a cobrar llega.

(Dentro.)

Voces	Las gracias le demos todos.

Rosa   A la suma providencia
de Dios le demos las gracias.
Vamos todos a la Iglesia,
adonde nuestra humildad
el amparo le agradezca.

Gonzalo   Vamos.

(Dentro.)

Voces   ¡Viva nuestra Santa!

Bodigo   Y viva Bodigo, y beba.

(Vanse. Sale el demonio.)

Demonio   ¡Que una flaca muger con tal desvelo
de tal manera favorezca el cielo!
¡Que de mi astucia triunfe, y mis enojos,
etnas respiro, y incendios por los ojos,
pues habiendo inducido aquí una armada
de mi engaño movida, y conjurada,
porque a Lima abrasasen,
y sus templos sagrados profanasen,
por ser patria feliz de esta enemiga,
que a tanta pena a mi furor obliga.
¡Que el cielo por su ruego me frustrase,
que en ella la venganza ejecutase
en su casa, y en tanta

115

gente, que la publica ya por santa,
creyendo que por ella —y no es engaño—
libres se advierten del temido daño?
¡Que en don Juan de Toledo, aquese ciego,
amante suyo, se templase el fuego,
que encendía mis cautas intenciones,
pasándose a respeto sus pasiones!
¡Y que esté arrepentido
de haber con sus deseos ofendido
de su honesta belleza
la ilustre castidad de su pureza!
¡Y que Dios la ofreciese —suerte mucha—
que última lucha
sería —aquí me irrito—
en que tentar la ose mi apetito!
¿Pero cómo desmaya el poder mío?
¿Cámo de mis engaños desconfío?
Vive mi ardiente fuego, en cuya hoguera
arde inmortal mi envidia sin que muera,
que no ha de haber pesar ni sentimiento,
dolor, susto, congoja ni tormento
con que no la maltrate, no la aje,
la aflija, y la atormente mi coraje.
A su padre, la muerte
haré que dé don Juan, que de esta suerte
lograré con mi engaño
en su padre inocente el fiero daño,
en ella el sentimiento y destemplanza,
en don Juan el delito; y mi venganza
haciéndole creer siempre engañoso
el que Gaspar de Flores cauteloso
la muerte intenta darle airado, y fiero.
Pero el suceso que lo diga espero,
y pues ese blandón del claro día

va agonizando con la noche fría,
espíritus nocivos, e infernales,
pues sois origen siempre de los males,
a este hombre embestid, pero advertidos
en lo que os tengo a todos prevenidos.

(Sale don Juan, y al mismo tiempo por el otro lado salen cuatro hombres enmascarados.)

Juan
A Gaspar de Flores vengo
a buscar, por ver si sabe
de mi osadía amorosa
el delito para darle
rendido satisfacción,
de que mi error intentase,
violar de Rosa divina
los candores celestiales.
Tan confuso estoy, después
que vi el prodigio admirable
con que el cielo defendió
su castidad, de mi amante
ardor, víbora la pena,
me atormenta, sin que baste
a satisfacer la culpa
mi arrepentimiento grande;
Mas gente hacia mi se acerca.
¿Quién va?

Hombre 1
Quien sabrá matarte,
y castigar de tu afecto
tantos arrojos amantes.

Juan
Pues que todos me embestís,
sin duda que sois cobardes.

Hombre 2	Ahora lo verás.
Juan	Bien riñen.
Demonio	De esta suerte he de incitarle a la venganza que espero.
Juan	No huyáis.
Demonio	Esto es importante para lograrse mi astucia.
Hombre 1	Caí.
Juan	Muere.
Hombre 1	No me mates, y te diré quién intenta tu muerte.
Juan	Porque declares quién es mi enemigo, dejo de hacerte pedazos.
Hombre 1	Sabe que Gaspar de Flores...
Juan	¿Quién?
Hombre 1	Gaspar de Flores matarte nos mandó, porque atrevido el sagrado profanaste de su casa. Y si esta vez

pudo tu valor librarte,
de otra traición alevosa,
que lo corrijas no es fácil.

(Vase.)

Juan   Aguarda.

Hombre 1   En vano me sigues.

Juan   ¿Cómo no? Pero en el aire
sombra se desvaneció
sin acabar de apurarle.
¿Si será verdad que intenta
esta alevosía el padre
de Rosa? Mas no es posible,
que en su virtud, y su sangre
quepa tal traición.

(Al oído a don Juan.)

Demonio   Ahora
es mi cautela importante
si puede, porque su honor
le obliga.

Juan   No siendo grave
la ofensa, satisfacerse
se procura, y no vengarse.

Demonio   Del que es poderoso, el pobre
juzga su agravio más grande,
y venga como ofendido
lo que en su deshonra cabe.

Juan	Nunca con traición se vengan aquellos que nobles nacen.
Demonio	Es verdad, mas en su edad aunque las cenizas guarden de la ira algún calor, no es el incendio bastante a tomar satisfacción.
Juan	¿Quién mi impulso persuade con tal poder?
Demonio	La razón que hay en ti de castigarle el arrojo de atreverse a un caballero tan grande como tú.
Juan	Verdad es ésta.
Demonio (Aparte.)	(Vencí, porque no hay más ágil demonio, que el pundonor para las atrocidades.)
Juan	¿Y qué he de hacer ofendido de su desprecio?
Demonio	Matarle.
Juan	¿Matarle?
Demonio	Sí, pues te agravia.

Juan	¿Pues sus canas venerables ha de ultrajar mi osadía?
Demonio	Sí, pues obra como infame.
Juan	¿Y de Rosa, a quien venero, cómo de he verter la sangre?
Demonio	Primero que tu pasión es tu vida, y arriesgarse a otra traición, es error.
Juan	Dice bien, muera el cobarde, mas él viene.
Demonio	¡Qué a buen tiempo ha venido! Llega a darle la muerte.

(Sale Gaspar de Flores, y atraviesa el tablado mientras dice estos versos.)

Gaspar	Sin ver a Rosa no puedo estar un instante ya, si es que en el huerto está. Entro por aquesta parte a mi casa.
Demonio	Llega, acaba.

(Saca don Juan la daga, y va tras él para darle, y se detiene; Gaspar se entra.)

Juan	Muera; pero al acercarse mi ira la retrocede.

Demonio	¿Qué es lo que haces? —¡Ah, pese a mi indignación!— Por él no lograste amante a Rosa.
Juan	Solo esta ofensa me basta para matarle.
Demonio	Entra tras él.
Juan	Ya le sigo.
Demonio	Llegó mi industria a lograrse.
Juan	¡Muera!

(Al entrar don Juan, le sale Rosa al encuentro con una cruz muy grande al hombro, y al ir don Juan a ejecutar el golpe, cae Rosa hincando una rodilla en el suelo.)

Rosa	Teneos, ¿dónde vais? ¡Mas caí!
Juan	¿Qué es lo que hacéis?
Rosa	Caer con la Cruz que veis, para que vos no caigáis en un error sin disculpa, porque si Cristo cayó con ella, fue porque no cayésemos en la culpa.
Demonio	¿Qué esto sufran mis enojos, que triunfe de mi poder?

Por no oír esta mujer,
huyendo iré de sus ojos.

(Vase.)

Rosa   En ella, don Juan, por vos
          perdonó a sus enemigos.
          Perdonad vos los amigos,
          pues el ejemplo os da Dios.
             Ilusión fue lo que piensa
          vuestro enojo, y así sabio,
          no por vengar un agravio,
          le hagáis a Dios una ofensa.
             Formas aparentes fueron
          los que a vos os engañaron,
          y de la luz os privaron
          con las sombras que os fingieron.
             Templad, pues, las impaciencias,
          que al padre de la mentira
          para incitar vuestra ira,
          le sobran las apariencias.

Juan   Prodigio, o mujer, en quien
          es la santidad tan grande,
          que te desmienten de humana,
          tantas divinas señales,
          cuya virtud penitente,
          resplandece tan constante,
          que de mis torpes errores,
          alumbran las ceguedades.
          Yo te confieso mi culpa,
          y arrepentido enmendarme
          ofrezco, a las persuasiones
          con que enseñas eficaces.

Y porque estas no merezco
viéndome reo, delante
de tu presencia, me voy
a disponer dónde acabe
mi vida, dejando luego
del mundo las vanidades.

Rosa   Dios el camino te enseñe
para que puedas salvarte.

Juan   Sí haré, si tu intercesión
la pusieres de mi parte.

Rosa   Yo te la ofrezco, Juan.

Juan   Adiós, y yo volveré antes
que ejecute mis intentos,
el desengaño a estimarte.

(Vase.)

Rosa   Reconocida, Dios mío,
estoy a tantas piedades,
pero en vano, dulce Esposo,
pueden mis hombros atlantes
de tantas penas, el peso
sustentar sobre esta frágil
naturaleza, y pues vos
para llevar inefable
este sagrado madero
de la cruz, necesitasteis
de ayuda, ayudadme vos
de esta carga incontrastable,
desatando de la humana

cárcel, en que preso yace
el espíritu, que os consagro,
para que con vos descanse.

(Sale el ángel custodio.)

Ángel   Rosa.

Rosa   Custodio divino.

Ángel   Dios por tus ruegos afable
te ha otorgado lo que pides,
y en sus orbes celestiales
te espera, donde premiar
quiere tu afecto constante.
Presto te verás con él,
pero prevente al combate
de padecer por su amor
muchos dolores y males.
Queda en paz.

Rosa   Custodio mío,
no te ausentes, no me faltes.

Ángel   Aunque me ausento de ti,
nunca me aparto un instante.

(Vase.)

Rosa   Dulce Jesús, si por mí,
siendo divino, tomastes
forma humana, y padeciste
del pueblo tantas crueldades,
padecer por vos espero

cuántos dolores mortales
puede inventar el rigor,
y pues vos, Señor, llevasteis
este sagrado madero
sobre los hombros triunfante
de la casa de Pilatos
al Calvario, en que se sabe
hay pasos mil y ochocientos
y sesenta y dos cabales.
También caminar con él
espero los mismos, antes
que el espíritu en oblación
os sacrifique constante,
para lograr vuestra gloria,
que aunque mis culpas son grandes,
es vuestra misericordia
mayor para perdonarme.

(Vase. Sale Bodigo.)

Bodigo   El juicio tengo perdido
desde que me aplauden tanto.
¿Que para ser uno santo,
haya de andar aturdido?
    En mí no es gran fortaleza
ser virtuoso a fe mía.
Yo di en bueno, como había
de dar en otra flaqueza.
    Milagros sin más, ni más
hago. Ayer a un corcovado
sané de un mal muy pesado,
que le venía de atrás.
    A un capón en conclusión,
hombre le hice, y muy de bien,

y este milagro hallé en
la Botica del Capón.
   Yo estoy muy bien regalado,
y el que buscarme procura,
aunque me tiene por cura,
me deja beneficiado.

(Saca una bota.)   Esta bota con despejo
me dio un hombre, a quien sané.
Muy caro el milagro fue,
pues le dejé sin pellejo.

(Saca una caja.)   De alcorzas me dio muy terco
esta caja un tal señor.
Yo la tomara mejor
si fuera de pies de puerco.
   A cada alcorza un traguito
puedo echar, y pez con pez
dejarla. ¿Mas si otra vez
me engañara aquel maldito?

(Sale el demonio.)

Demonio   Ya me venció el cielo, y ya
de Dios la recta justicia
mi loca ambición, aun
en el abismo castiga,
pues a una débil mujer
la da tanta valentía,
que estando al último vale
de su prodigiosa vida,
más penitente, y más santa
se ve, sin que la fatiga
de los dolores con que
mi rencor la mortifica,
ninguna impaciencia en ella

127

la ocasionen, ni la aflijan,
antes los padece todos
por Dios con tanta caricia,
que en ella es merecimiento
lo que en mi pecho es envidia.

Bodigo   Veinte y cuatro alcorzas hay,
las formas son bien distintas,
unas son conchas, y otras
castañas, y otras tablicas.
¿Si las alcorzas castañas
se me volvieran morcillas?

Demonio   En este infame donado
se han de desquitar mis iras.

Bodigo   Por si el dulce me empalaga,
darme intento muy aprisa,
si se me seca la llaga,
con aquesta pelotilla.

(Al comer las alcorzas, las arroja, que han de ser de yeso.)

Demonio   Tú probarás mis engaños.

Bodigo   ¿Qué es esto? Abarimatías
me valga, que aquesto es yeso
amasado con cal viva.
Que me abrasó los cuajares,
ah, bota del alma mía,
apaga este fuego tú,
sé San Antón de mis tripas.

(Sopla al tiempo que bebe, y se llena la cara de ceniza, que ha de estar dentro de ella.)

> Pero ceniza se ha vuelto
> el vino, que era lejía,
> y los ojos me ha cegado,
> sin duda que anda Patillas
> por aquí. Cata la cruz,
> infame.

Demonio   Tu hipocresía
> no te ha de valer, villano.

(Dale empellones, y arrástrale.)

Bodigo   Que me matan, que me tiran,
> que me llevan los demonios,
> líbrame, Rosa bendita,
> del diablo.

Demonio   En vano la llamas.

Bodigo   Si de las alcorzas mías
> quedo en ayunas, ¿por qué
> te me mueles la comida?

Demonio   Por embustero.

Bodigo   ¡Ay mi cuerpo!
> ¿Rosa, a Bodigo no libras,
> que le llevan los demonios?

(Sale don Gonzalo.)

Gonzalo	Hermano, ¿qué le lastima? ¿Qué tiene? ¿Qué ruido es éste tan descompuesto? ¿No mira que Rosa de sus dolores padeciendo las fatigas en el tránsito postrero está? ¡Fénix de su vida, pues muriendo para el mundo, para el cielo resucita!
Bodigo	Pues si ella se iba con Dios, yo con el diablo me iba.
Gonzalo	¿Qué dice?
Bodigo	Que me llevaba.
Gonzalo	¿Dónde?
Bodigo	A una taberna misma de la plaza de Madrid.
Gonzalo	¿A una taberna? Él delira.
Bodigo	Al infierno, que es lo mismo.
Gonzalo	¿Pues por qué? ¿Qué es lo que hacía?
Bodigo	Meditar solo.
Gonzalo	¿En qué?
Bodigo	En el paso de la Borriquita.

Gonzalo	¿Y esta bota qué hace aquí?
Bodigo	Se le cayó sin sentirla a un fariseo bermejo, que en el propio paso iba.
Gonzalo	Él es simple. Vaya, y llame a don Juan a toda prisa.
Bodigo	Ya voy. Míreme a la cara.
Gonzalo	¿A quién la jura?
Bodigo	A Patillas.

(Vase Bodigo.)

Gonzalo	Yo a Gaspar de Flores voy a consolar, que aunque mira, que Dios por premiar de Rosa, la virtud esclarecida, la penitencia, y trabajos, la da su gloria infinita, la falta que le ha de hacer, se desconsuela en su dicha.

(Vase don Gonzalo.)

Demonio	Por no oír las alabanzas de esta mujer peregrina, huyendo al abismo voy.

(Sale el ángel custodio.)

Ángel	Aguarda, bestia maligna,
	que Dios quiere, para más
	tormento tuyo, que asistas
	a ver cómo Rosa triunfa
	de tus traiciones, y envidias.

Demonio	Sí haré, pues hasta morir
	mi poder no desconfía,
	cuando puede en un instante
	perder la gracia divina.

Ángel	No la perderá, pues Dios
	la asiste, y ella le obliga
	con el amor que padece
	los males que la fatigan,
	porque Él padeció por ella,
	pues con tal fervor imita
	de su sagrada pasión
	aquellas angustias mismas,
	que apenas de su mansión
	le dio mi aviso noticias,
	cuando cargando en sus hombros
	pesada una cruz, camina
	los propios pasos que Dios
	anduvo con ella misma,
	con tanto llanto, y tal pena,
	que con las lágrimas iba
	regando la tierra, al paso
	que sus dolores crecían,
	y desdeñando después
	de la Rosa casta, y limpia
	de su cuerpo aquellas hojas,
	que la visten, y la aliñan,

más de cinco mil azotes
se dio. Sustentando fina,
pelícano racional
con la sangre que vertía
de su pasión amorosa
los hijos de su caricia.
Luego una áspera corona
se puso, cuyas espinas,
las que más la coronaban,
eran las que más la herían.
Después estampando cruel
con su mano en la mejilla
cinco rayos, la dejó
tan de púrpura teñida,
que del color de la afrenta
aun el nácar se corría.
Y viendo que ya tocaba
su desaliento la línea
última de lo mortal,
dejó el lecho, y de rodillas
para expirar en la cruz,
salió al huerto enternecida,
que es monte, y calvario, tres
romeros que fructifica,
en forma de cruz, en quien
se une con tal caricia,
que los brazos extendiendo
cuanto pudo, parecía,
que de más cruz deseosa,
alcanzarla solicita.
Y padeciendo constante
penas, y ansias excesivas,
aun de padecer más, tuvo
sed, y por templarla fina,

de sus dolores amargos
bebió la hiel, y la acíbar.
Y porque le sirva más
de rencor a tu malicia,
mírala diciendo himnos,
a quien con dulce armonía
los ángeles acompañan.

Demonio   Rabio de enojo, y de envidia.

(Córrese un bastidor, y se verá a tres romeros puestos en forma de cruz, en que está la santa Rosa puesta de rodillas, y a un tiempo bajan dos ángeles en dos apariencias por los lados, y se quedan cantando en el medio del vestuario por lo alto.)

Rosa   Salve, dulcísimo Esposo,
manso Cordero en quien miran
ser tus validos aquellos
que la humildad califica.
Escucha, Señor, mis voces,
que aunque parecen indignas
de tu cielo, ya en el fuego
de mi amor se purifican.

(Cantando el ángel 1)

Ángel 1   «Ya Dios oye tus voces,
Rosa, que la armonía
más dulce para el cielo,
tus lágrimas son mismas.»

Rosa   Rompa, Señor, mi costado,
mi contrición compasiva,
pues la fuerza del dolor

basta a romperme la herida.

(Cantando el ángel 2.)

Ángel 2   «La llaga del costado
                 ya impresa en ti se mira,
                 pon tú el dolor, pues puso
                 Dios su sangre infinita.»

Rosa   Los clavos, Señor, me faltan,
                 y pues mis yerros publican
                 mi culpa, sean mis yerros
                 quien rigurosos me aflijan.

(Cantando el ángel 1.)

Ángel 1   «Quien sus yerros confiesa,
                 y a Cristo se dedica,
                 en su esclavitud pone
                 los hierros que codicia.»

Demonio   Ya no me queda esperanza
                 viendo tantas maravillas
                 en esta mujer.

Ángel   Dragón
                 infernal y aleve, mira
                 si en la lid de tus cautelas
                 venciste, como decías,
                 pues de su pureza ya
                 la lámpara que encendida
                 conservó su castidad,
                 fallece en lo que respira.

Demonio	A pesar de mi rencor
	te lo confiesan mis iras.
Rosa	Mas ya el aliento me falta,
	ya caduca, y se arruina
	de este edificio viviente
	la fábrica, ya agoniza
	en parasismos mortales
	esta antorcha de la vida.
	Agora, Señor, agora
	de tu favor necesita
	mi flaqueza. Ahora, Virgen
	del Rosario, y Madre mía
	me has de valer, y tú Santa,
	y gloriosa Catalina
	me has de amparar.

(Bajan en tres apariencias un niño Jesús, la virgen, que hace una niña, y santa Catalina; el niño Jesús se queda sobre la santa Rosa elevado en el aire, y la virgen sobre el romero de la mano derecha, y en el de la mano izquierda, santa Catalina.)

Niño Jesús	Ya mi amor
	te asiste, esposa querida.
Virgen	Y yo también, Rosa amada.
Catalina	Y mi amor, que la divina
	clemencia de Dios lo ordena
	así.
Rosa	¡Qué grande es mi dicha!
Demonio	Tan grande como mi rabia,

y pues mi ultraje publica
mi furor, en sus cavernas
el infierno me reciba.

(Húndese el demonio.)

Ángel

Dios murió entre ladrones,
mas Rosa peregrina
feliz en cruz fallece
con mejor compañía.

(Salen Gaspar de Flores, don Juan, don Gonzalo, y Bodigo.)

Juan

Entremos todos a ver
expirar el mismo día.

Gonzalo

¡Qué luces tan celestiales!

Gaspar

¿Mas qué suave armonía
es ésta?

Bodigo

Pues de los cielos
cantan, será su capilla.

Juan

¡Qué asombro tan prodigioso!

Gonzalo

En cruz está, y de rodillas.

Rosa

Señor, mi espíritu encomiendo
en tus manos.

Juan

Y ya expira.

Gonzalo

¡Qué santidad!

Juan   ¡Qué portento!

Gaspar   Eclipsóse mi alegría.

(Mientras están cantando, se suben a lo alto los tres romeros como están, y el niño Jesús siempre sobre la santa Rosa, y el ángel custodio arrimado a la santa de rodillas, y canta el ángel segundo.)

Ángel 2   Dios para sí se lleva
                    del Rosa de la vida
                    la Rosa del Perú,
                    el asombro de Lima.

Gonzalo   No sintáis, señor, su muerte,
                    pues para Dios resucita.

Juan   Y para que algún consuelo
                    tengáis, mi hacienda os dedica
                    mi fe, que yo religioso
                    en la orden dominica
                    me he de entrar.

Bodigo   Y yo luego.

Juan   Y aquí, senado, la vida
                    de la Rosa del Perú
                    da fin a sus maravillas.

               Fin

Libros a la carta

A la carta es un servicio especializado para
empresas,
librerías,
bibliotecas,
editoriales
y centros de enseñanza;
y permite confeccionar libros que, por su formato y concepción, sirven a los propósitos más específicos de estas instituciones.

Las empresas nos encargan ediciones personalizadas para marketing editorial o para regalos institucionales. Y los interesados solicitan, a título personal, ediciones antiguas, o no disponibles en el mercado; y las acompañan con notas y comentarios críticos.

Las ediciones tienen como apoyo un libro de estilo con todo tipo de referencias sobre los criterios de tratamiento tipográfico aplicados a nuestros libros que puede ser consultado en Linkgua-ediciones.com.

Linkgua edita por encargo diferentes versiones de una misma obra con distintos tratamientos ortotipográficos (actualizaciones de carácter divulgativo de un clásico, o versiones estrictamente fieles a la edición original de referencia). Este servicio de ediciones a la carta le permitirá, si usted se dedica a la enseñanza, tener una forma de hacer pública su interpretación de un texto y, sobre una versión digitalizada «base», usted podrá introducir interpretaciones del texto fuente. Es un tópico que los profesores denuncien en clase los desmanes de una edición, o vayan comentando errores de interpretación de un texto y esta es una solución útil a esa necesidad del mundo académico.

Asimismo publicamos de manera sistemática, en un mismo catálogo, tesis doctorales y actas de congresos académicos, que son distribuidas a través de nuestra Web.

El servicio de «libros a la carta» funciona de dos formas.

1. Tenemos un fondo de libros digitalizados que usted puede personalizar en tiradas de al menos cinco ejemplares. Estas personalizaciones pueden ser de todo tipo: añadir notas de clase para uso de un grupo de estudiantes, introducir logos corporativos para uso con fines de marketing empresarial, etc. etc.

2. Buscamos libros descatalogados de otras editoriales y los reeditamos en tiradas cortas a petición de un cliente.